Autor: Emerson
Calejon

Resumo

Meu nome é Emerson Calejon e ao longo dos meus 51 anos de vida aprendi a valorizar o tempo e adquirir conhecimentos. Enfrentei desafios com fé e observei as pessoas dedicando-se a questões fúteis na sociedade. Como praticante do Espiritismo, acredito na evolução espiritual próxima, apesar de muitos não compreenderem os ensinamentos de Cristo. Encontrei conforto na espiritualidade e entendo que somos responsáveis por mudar nossa trajetória e buscar a felicidade, mesmo que isso nos afaste da loucura social. A maior alegria que experimentei foi ao descobrir a doutrina espírita, que me libertou de influências negativas e me trouxe paz interior.

O Tempo

A jornada espiritual

O Majestoso Tempo

Emerson Calejon

Published by Emerson Calejon, Sr, 2024.

While every precaution has been taken in the preparation of this book, the publisher assumes no responsibility for errors or omissions, or for damages resulting from the use of the information contained herein.

O MAJESTOSO TEMPO

First edition. June 22, 2024.

Copyright © 2024 Emerson Calejon.

ISBN: 979-8227730572

Written by Emerson Calejon.

Introdução

Meu nome é Emerson Calejon, e a única certeza que possuo é que o ponteiro do relógio jamais para e o tempo voa. Com o passar dos anos, vamos nos despedindo de pessoas queridas e devemos sempre nos manter atentos aos nossos relacionamentos. Valorizemos nosso tempo, não o desperdicemos com futilidades junto a companhias e locais que não nos acrescentam em nada.

Ao longo dos meus 51 anos de existência, adquiri uma vasta quantidade de conhecimentos e experiências. Situações que jamais imaginei vivenciar acabaram se tornando parte da minha realidade. Vivi diversas experiências desafiadoras. Em várias ocasiões, meu único apoio era minha fé, mas ela foi o bastante.

Ao assistir televisão ou me informar através das notícias, percebo como há indivíduos que dedicam seu tempo a assuntos fúteis. Sempre são as mesmas pessoas – aquelas que buscam se destacar, que almejam ter a maior posição na sociedade. Diante de tanta superficialidade, me questiono: Senhor, quando iremos evoluir disso tudo? Qual será o momento em que acordaremos e enxergaremos algo verdadeiramente significativo?

Somos indivíduos impacientes que desejam obter tudo imediatamente, neste instante. Como praticante do Espiritismo, tenho conhecimento dos ensinamentos espirituais e sei que a chegada desse dia está se aproximando, embora ainda esteja um pouco distante. Não somos mais os seres humanos da época em que Jesus esteve na Terra, porém diversos indivíduos ainda não conseguiram compreender os ensinamentos que Cristo veio transmitir.

O que me traz conforto é o conhecimento adquirido através da espiritualidade. Entendo que tudo está em nossas mãos. Somos nós mesmos os responsáveis por mudar nossa trajetória. A felicidade é uma escolha individual. À medida que evoluímos espiritualmente e ampliamos nossa compreensão interna, nos distanciamos das demais pessoas. O sentido da loucura social já não nos atinge.

A maior satisfação que tive foi conhecer a doutrina espírita. Foi através dela que consegui me libertar de tudo e de todos que me prejudicavam. Hoje, tenho a maior bênção que uma pessoa pode ter: a paz no meu coração e a grande alegria de viver em paz consigo mesmo.

CAPÍTULO 1
O Tempo como Recurso
Introdução ao Tempo como Recurso

O tempo é um dos recursos mais preciosos que possuímos. Sua compreensão e valorização são essenciais para uma vida plena e significativa. Neste capítulo, exploraremos o tempo como medida de duração e como recurso finito, além de analisar as perspectivas filosóficas sobre o tempo e seu impacto na vida humana.

Definição de Tempo

O tempo, em sua essência, é a medida da duração dos eventos e processos. Ele nos permite compreender a sequência e a ordenação das ocorrências no universo, possibilitando a noção de passado, presente e futuro.

Tempo como medida de duração

O tempo é utilizado como uma referência para mensurar a duração de eventos e ações. Desde os primeiros relógios de sol até os sofisticados relógios atômicos, a humanidade sempre buscou formas de quantificar e compreender o tempo.

Unidades de medida de tempo

Segundos, minutos, horas, dias, semanas, meses e anos são algumas das unidades de medida de tempo mais comuns. Cada uma delas desempenha um papel fundamental em nossa organização e compreensão da passagem do tempo.

Tempo como recurso finito

O tempo, ao contrário de outros recursos, é finito e irreversível. Cada segundo que passa é irrecuperável, o que ressalta a importância de valorizá-lo e utilizá-lo de forma consciente e significativa.

Importância de valorizar o tempo

A conscientização da finitude do tempo nos leva a valorizá-lo como um recurso precioso. Ao compreender que o tempo é limitado, somos incentivados a priorizar atividades e relacionamentos que realmente importam em nossa jornada.

Perspectivas Filosóficas sobre o Tempo

A filosofia oferece diversas reflexões sobre o tempo, desde sua natureza relativa até seu impacto na existência humana. A compreensão filosófica do tempo nos convida a uma análise mais profunda de sua influência em nossas vidas.

Visão do tempo na filosofia

Na filosofia, o tempo é frequentemente considerado como um conceito relativo, cuja compreensão varia de acordo com a perspectiva de cada pensador. Essa diversidade de visões enriquece nossa compreensão do tempo e de seu papel na realidade.

Tempo como conceito relativo

A relatividade do tempo é explorada em diversas correntes filosóficas, questionando a linearidade e a uniformidade da passagem do tempo. Essa abordagem nos convida a considerar o tempo não apenas como uma medida, mas como uma experiência subjetiva e multifacetada.

Reflexões sobre a finitude do tempo

A finitude do tempo tem profundos impactos na vida humana, influenciando nossas escolhas, prioridades e percepção da existência. Refletir sobre a finitude do tempo nos convida a viver de forma mais consciente e significativa.

Impacto da finitude do tempo na vida humana

A consciência da finitude do tempo nos leva a valorizar cada momento, a nutrir relacionamentos significativos e a buscar realizações que contribuam para um legado positivo. Essa reflexão nos impulsiona a viver uma vida com propósito e plenitude.

O Tempo como Recurso na Espiritualidade

A espiritualidade oferece uma perspectiva única sobre o tempo, enxergando-o como uma oportunidade de evolução e crescimento interior. Nesta seção, exploraremos a percepção do tempo na espiritualidade e sua importância como catalisador de transformações pessoais.

Percepção do Tempo na Espiritualidade

Nas tradições espirituais, o tempo é visto como uma dádiva divina, uma oportunidade de aprendizado e evolução. Essa visão transcende a mera medida de duração, convidando-nos a uma relação mais profunda e significativa com o tempo.

Visão do tempo no contexto espiritual

O tempo, no contexto espiritual, é considerado como um presente que nos é concedido para aprimorarmos nossa compreensão, amor e consciência. Essa percepção nos convida a viver cada momento com gratidão e reverência.

Tempo como oportunidade de evolução espiritual

A passagem do tempo é encarada como uma oportunidade de crescimento espiritual, um convite à transformação interior e ao aprimoramento de virtudes. A espiritualidade nos convida a aproveitar cada instante como uma chance de evoluir e contribuir para o bem coletivo.

Aproveitamento do tempo para crescimento espiritual

Ao reconhecer o tempo como uma oportunidade de evolução, somos motivados a buscar práticas e atitudes que promovam nosso desenvolvimento espiritual, contribuindo para a construção de um mundo mais compassivo e harmonioso.

Leitura Adicional

O Tempo como Recurso

O Tempo como Recurso na Espiritualidade

Tempo como oportunidade de evolução espiritual

Aproveitamento do tempo para crescimento espiritual

Ao reconhecer o tempo como uma oportunidade de evolução, somos motivados a buscar práticas e atitudes que promovam nosso desenvolvimento espiritual, contribuindo para a construção de um mundo mais compassivo e harmonioso.

A Gestão do Tempo

A gestão do tempo é uma habilidade essencial para uma vida equilibrada e produtiva. Nesta seção, discutiremos a importância da gestão do tempo e apresentaremos técnicas para priorização de tarefas e otimização do uso do tempo.

Importância da gestão do tempo

Uma gestão eficaz do tempo nos permite equilibrar nossas atividades, priorizando o que é verdadeiramente significativo e evitando a sobrecarga e o esgotamento. Essa habilidade é fundamental para uma vida equilibrada e realizadora.

Equilíbrio entre atividades e tempo livre

O equilíbrio entre compromissos e momentos de descanso e lazer é essencial para a saúde física, mental e espiritual. A gestão adequada do tempo nos permite reservar espaços para o autocuidado e a recuperação, promovendo nosso bem-estar integral.

Técnicas de gestão do tempo

Diversas técnicas e ferramentas estão disponíveis para auxiliar na gestão do tempo, desde a priorização de tarefas até a organização de agendas e a definição de metas. A escolha e aplicação dessas técnicas podem fazer uma grande diferença em nossa produtividade e qualidade de vida.

Priorização de tarefas

A priorização eficaz de tarefas nos permite concentrar nossos esforços nas atividades mais relevantes e impactantes, evitando dispersão e desperdício de energia. Ao aprender a identificar e priorizar o que realmente importa, podemos otimizar nosso uso do tempo e alcançar resultados mais significativos.

CAPÍTULO 2

A Percepção do Tempo na Espiritualidade

A Natureza do Tempo na Espiritualidade

A espiritualidade oferece uma perspectiva única sobre a natureza do tempo, enxergando-o como uma manifestação divina que transcende a mera medida cronológica. Na visão espiritual, o tempo é compreendido como um presente, uma dádiva que nos é concedida para a nossa jornada terrena. Ele é percebido como um elemento sagrado, uma oportunidade de evolução e transformação espiritual.

Tempo como manifestação divina

Na espiritualidade, o tempo é reconhecido como uma manifestação divina, uma expressão do plano superior que permeia todas as dimensões da existência. Ele é visto como uma ferramenta de aprendizado e crescimento, proporcionando oportunidades para a evolução espiritual e a busca pela transcendência.

Visão espiritual do tempo como presente

A visão espiritual do tempo como presente enfatiza a importância de viver plenamente o momento presente, reconhecendo-o como a única realidade tangível. Nesse contexto, o passado e o futuro se entrelaçam no eterno agora, convidando-nos a cultivar a consciência plena do momento presente como um portal para a conexão com o divino.

Ciclos temporais na espiritualidade

Além da percepção do tempo como presente, a espiritualidade também compreende a existência de ciclos temporais que se manifestam em diferentes aspectos da vida e do universo. Esses ciclos são vistos como padrões de energia que influenciam a jornada espiritual, proporcionando oportunidades para a evolução e renovação.

Compreensão dos ciclos temporais na visão espiritual

A compreensão dos ciclos temporais na visão espiritual envolve a percepção de ritmos naturais que regem a vida, tais como os ciclos das estações, os movimentos dos astros e os estágios de crescimento e transformação. Esses ciclos são interpretados como expressões da sabedoria divina, convidando os indivíduos a sintonizarem-se com a harmonia cósmica e a fluírem em consonância com os ritmos da existência.

A Relação entre Tempo e Evolução Espiritual

O tempo desempenha um papel fundamental na jornada de evolução espiritual, sendo percebido como uma oportunidade de aprendizado e crescimento interior. Na espiritualidade, a passagem do tempo é vista como um agente de transformação, capaz de impactar profundamente a jornada espiritual de cada indivíduo.

Tempo como oportunidade de aprendizado espiritual

A percepção do tempo como oportunidade de aprendizado espiritual ressalta a importância de cada momento como uma chance de adquirir sabedoria, compaixão e discernimento. Cada instante é encarado como uma lição a ser assimilada, um convite ao aprimoramento interior e à expansão da consciência.

Aprendizados proporcionados pelo tempo na jornada espiritual

Os aprendizados proporcionados pelo tempo na jornada espiritual incluem a compreensão da impermanência, a aceitação da mudança e a valorização do presente. Através das experiências vividas ao longo do tempo, os indivíduos têm a oportunidade de desenvolver virtudes como a paciência, a gratidão e a humildade, fortalecendo assim o seu caminho espiritual.

Percepção do tempo como agente de transformação

O tempo é reconhecido como um agente de transformação na espiritualidade, exercendo influência direta na evolução interior e no desenvolvimento da consciência. A passagem do tempo proporciona oportunidades para a superação de desafios, a integração de aprendizados e a expansão da compreensão sobre a natureza da existência.

Impacto do tempo na transformação espiritual

O impacto do tempo na transformação espiritual se manifesta na maturidade interior, na capacidade de lidar com as adversidades e na construção de uma visão mais ampla e compassiva da vida. Através das experiências temporais, os indivíduos têm a oportunidade de transcender limitações e expandir a sua percepção sobre si mesmos e o universo.

Citações Famosas

"O tempo é uma ilusão." - Albert Einstein

"O tempo não para, mas a nossa percepção dele pode mudar." - Dalai Lama

"O tempo é o melhor autor: sempre encontra um final perfeito." - Charles Chaplin

A Atitude em Relação ao Tempo na Prática Espiritual

A prática espiritual envolve uma atitude consciente e reverente em relação ao tempo, reconhecendo-o como uma dádiva e uma oportunidade de evolução. A valorização do tempo como um presente divino e o uso consciente desse recurso temporal são aspectos fundamentais na jornada espiritual de cada indivíduo.

Valorização do tempo como dádiva espiritual

A valorização do tempo como dádiva espiritual implica em reconhecer a preciosidade de cada momento e a oportunidade única que ele representa. Essa atitude de reverência pelo tempo convida os indivíduos a viverem com plenitude, gratidão e consciência, honrando a dádiva da existência e a oportunidade de evolução espiritual.

Agradecimento pelo tempo como oportunidade de evolução

O agradecimento pelo tempo como oportunidade de evolução é uma prática que permeia a jornada espiritual, convidando os indivíduos a expressarem gratidão pela passagem do tempo e pelas experiências vividas. A atitude de gratidão abre o coração para a recepção das bênçãos do tempo e fortalece a conexão com a espiritualidade.

Uso consciente do tempo na busca espiritual

O uso consciente do tempo na busca espiritual envolve a prática de viver com presença, propósito e integridade. Os indivíduos são convidados a empregar o tempo de forma consciente, direcionando suas ações e intenções para o cultivo de virtudes, a promoção do bem-estar coletivo e o aprofundamento da conexão com o divino.

Práticas para utilizar o tempo de forma consciente na jornada espiritual

As práticas para utilizar o tempo de forma consciente na jornada espiritual incluem a meditação, a contemplação, o serviço altruísta e a busca pelo autoconhecimento. Ao empregar o tempo de maneira consciente, os indivíduos nutrem a sua jornada espiritual e contribuem para a elevação da consciência coletiva.

CAPÍTULO 3
A Evolução Espiritual e o Tempo
A Jornada Espiritual como Processo Temporal

A jornada espiritual é intrinsecamente ligada ao tempo, pois é por meio do tempo que ocorre a transformação interior. O tempo atua como um elemento transformador na evolução espiritual, proporcionando oportunidades para o desenvolvimento pessoal e a busca por uma conexão mais profunda com o divino.

A influência do tempo na evolução espiritual se manifesta na maturidade que adquirimos ao longo dos anos, nas experiências que moldam nossa compreensão do mundo e na sabedoria que acumulamos através das vivências. Cada momento vivido representa uma oportunidade de aprendizado e crescimento, contribuindo para a nossa jornada espiritual.

Influência do tempo na evolução espiritual

O tempo exerce uma influência significativa na evolução espiritual, pois nos desafia a refletir sobre nossas escolhas, a lidar com as consequências de nossas ações e a buscar um maior alinhamento com nossos valores e propósito de vida. À medida que enfrentamos os desafios temporais, somos convidados a aprofundar nossa compreensão sobre nós mesmos e sobre o mundo ao nosso redor.

Além disso, o tempo nos oferece a oportunidade de praticar a paciência, a compaixão e a gratidão, virtudes essenciais para o desenvolvimento espiritual. A maneira como utilizamos o tempo reflete nossas prioridades e valores, influenciando diretamente nossa evolução interior.

Ciclos temporais na jornada espiritual

Na jornada espiritual, percebemos a presença de ciclos temporais que se manifestam como fases de crescimento, desafios e renovação. Esses ciclos nos convidam a refletir sobre a impermanência da vida e a compreender que as experiências vividas são parte de um processo maior de evolução.

Ao reconhecermos os ciclos temporais em nossa jornada espiritual, somos capazes de acolher as mudanças com mais serenidade e compreensão, enxergando cada fase como uma oportunidade para aprender, crescer e nos reconectar com nossa essência mais profunda.

A Percepção do Tempo como Desafio na Evolução Espiritual

Embora o tempo seja um aliado na evolução espiritual, também se apresenta como um desafio a ser superado. A percepção do tempo como um desafio na busca espiritual está relacionada à nossa capacidade de lidar com as incertezas, as provações e as transformações que o tempo nos impõe.

Desafios temporais na busca espiritual

Os desafios temporais na jornada espiritual podem se manifestar como momentos de dúvida, angústia e insegurança diante do desconhecido. A incerteza em relação ao futuro, a pressão do tempo e a sensação de urgência podem gerar conflitos internos e nos desafiar a manter a fé e a perseverança em meio às adversidades.

Superar os desafios temporais na jornada espiritual requer uma postura de aceitação, confiança e resiliência. É preciso compreender que o tempo, mesmo em suas dificuldades, oferece oportunidades para fortalecer nossa espiritualidade e aprofundar nossa conexão com o divino.

Tempo como teste de fé e perseverança

O tempo se apresenta como um teste de fé e perseverança, convidando-nos a manter a confiança no processo de evolução espiritual, mesmo diante das adversidades e dos desafios. A capacidade de perseverar e manter a fé diante das provações temporais é essencial para o amadurecimento espiritual e a superação de obstáculos.

Ao enfrentarmos os testes temporais, somos convidados a fortalecer nossa conexão com o divino, a cultivar a esperança e a encontrar significado nas experiências vividas. A fé e a perseverança nos auxiliam a atravessar os períodos desafiadores, fortalecendo nossa resiliência e determinação na busca espiritual.

Retrato Biográfico

A Evolução Espiritual e o Tempo

Capítulo 3: A Evolução Espiritual e o Tempo

A Percepção do Tempo como Desafio na Evolução Espiritual

Tempo como teste de fé e perseverança

O tempo se apresenta como um teste de fé e perseverança, convidando-nos a manter a confiança no processo de evolução espiritual, mesmo diante das adversidades e dos desafios. A capacidade de perseverar e manter a fé diante das provações temporais é essencial para o amadurecimento espiritual e a superação de obstáculos.

Ao enfrentarmos os testes temporais, somos convidados a fortalecer nossa conexão com o divino, a cultivar a esperança e a encontrar significado nas experiências vividas. A fé e a perseverança nos auxiliam a atravessar os períodos desafiadores, fortalecendo nossa resiliência e determinação na busca espiritual.

A Transformação Pessoal ao Longo do Tempo

O tempo exerce um impacto significativo na transformação pessoal, pois cada instante vivido nos proporciona a oportunidade de crescer, aprender e nos tornar versões mais autênticas de nós mesmos. A passagem do tempo é marcada por mudanças pessoais que refletem nosso amadurecimento, nossas escolhas e nossas experiências.

Impacto do tempo na transformação pessoal

A medida que o tempo avança, somos convidados a refletir sobre as mudanças pessoais que ocorrem em nosso interior. A maturidade, a sabedoria e a compreensão que adquirimos ao longo dos anos são frutos da passagem do tempo, revelando a constante evolução de nossa essência e valores.

Além disso, as mudanças pessoais decorrentes da passagem do tempo nos desafiam a reavaliar nossas prioridades, a nutrir relacionamentos significativos e a buscar um maior alinhamento com nossa verdade interior. A transformação pessoal ao longo do tempo é um processo contínuo que nos convida a abraçar as experiências vividas e a integrar suas lições em nossa jornada espiritual.

Aprendizados temporais na evolução espiritual

O tempo nos oferece inúmeras oportunidades de aprendizado na jornada espiritual. Cada desafio, cada alegria e cada obstáculo vivenciado ao longo do tempo nos proporciona valiosas lições que contribuem para o nosso crescimento interior e nossa evolução espiritual.

Ao extrairmos aprendizados temporais, somos capazes de nutrir uma postura de gratidão, aceitação e compaixão em relação à vida. As lições extraídas do tempo nos convidam a cultivar uma visão mais ampla e profunda da existência, enriquecendo nossa jornada espiritual com sabedoria e discernimento.

CAPÍTULO 4

A Importância da Fé e da Espiritualidade

A Fé como Pilar da Espiritualidade

A fé é um pilar fundamental na jornada espiritual, representando a confiança e a crença inabalável no divino. Ela é a força que sustenta o indivíduo nos momentos de incerteza e desafios, proporcionando a base para a busca espiritual e o crescimento interior.

Definição e natureza da fé

A fé pode ser definida como a convicção profunda na existência do transcendente, na bondade divina e na orientação espiritual. Sua natureza é intrinsecamente ligada à confiança e à entrega, representando a conexão íntima entre o ser humano e o plano espiritual.

Exercício da fé na jornada espiritual

O exercício da fé na jornada espiritual envolve práticas diárias de fortalecimento e cultivo da confiança no divino. A oração, a meditação e a reflexão são ferramentas essenciais para nutrir e fortalecer a fé, permitindo que o indivíduo se conecte de forma mais profunda com sua espiritualidade.

A Espiritualidade como Fonte de Conforto

Em momentos desafiadores, a espiritualidade se revela como uma fonte de conforto e acolhimento, proporcionando refúgio e paz interior mesmo diante das adversidades. Ela oferece um porto seguro para a alma, permitindo que o indivíduo encontre serenidade e esperança em meio às dificuldades.

Refúgio espiritual em tempos desafiadores

O refúgio espiritual se manifesta como um espaço de acolhimento e amparo nos momentos de maior aflição. Através da espiritualidade, o indivíduo encontra consolo e força para enfrentar os desafios, fortalecendo sua resiliência e fé no processo.

Paz interior e espiritualidade

A busca pela paz interior encontra na espiritualidade um caminho de alcance e manutenção desse estado de ser. Através da conexão com o divino, a paz interior se torna uma realidade, proporcionando equilíbrio emocional e serenidade mesmo em meio às tribulações do cotidiano.

Fatos e Estatísticas Rápidos

Importância da Espiritualidade: A espiritualidade pode proporcionar equilíbrio emocional e serenidade, mesmo em meio às tribulações do cotidiano.

Conexão com o Divino: Através da conexão com o divino, a paz interior se torna uma realidade.

Fonte de Conforto: A espiritualidade pode ser uma fonte de conforto em momentos difíceis.

A Relação entre Fé, Espiritualidade e Tempo

O tempo se revela como um teste da fé e da espiritualidade, apresentando desafios que se tornam oportunidades de fortalecimento e crescimento espiritual. A relação contínua entre fé, espiritualidade e tempo permite o cultivo e a expansão da consciência espiritual ao longo da jornada pessoal.

Tempo como teste da fé e espiritualidade

Os desafios temporais representam testes cruciais para a fé e a espiritualidade, demandando resiliência e confiança no plano divino. A superação desses desafios fortalece a fé e proporciona um amadurecimento espiritual, permitindo que o indivíduo se torne mais resiliente e confiante em sua jornada.

Cultivo da fé e espiritualidade ao longo do tempo

O cultivo contínuo da fé e da espiritualidade ao longo do tempo se manifesta através de práticas diárias e do aprendizado constante. A busca por uma conexão mais profunda com o divino e a manutenção da fé mesmo diante das adversidades são pilares essenciais para a evolução espiritual ao longo da jornada pessoal.

CAPÍTULO 5
Encontrando a Paz Interior
A Busca pela Paz Interior

A busca pela paz interior é um elemento essencial na jornada espiritual de cada indivíduo. A paz interior não apenas proporciona um estado de tranquilidade, mas também desempenha um papel crucial na evolução espiritual. É a base sobre a qual a jornada espiritual se desenvolve, permitindo que o indivíduo enfrente desafios e busque um maior entendimento de si mesmo e do mundo ao seu redor.

Na busca pela paz interior, é fundamental compreender a relevância desse estado de ser para a evolução espiritual. A paz interior não é apenas a ausência de conflito, mas sim a presença de serenidade e equilíbrio que permite lidar com os altos e baixos da vida de forma consciente e compassiva.

Importância da paz interior na jornada espiritual

A paz interior desempenha um papel fundamental na jornada espiritual, pois proporciona a base para o crescimento pessoal e a busca por um maior entendimento espiritual. É a partir desse estado de ser que o indivíduo pode enfrentar desafios, superar obstáculos e buscar a iluminação espiritual.

Relevância da paz interior para a evolução espiritual

A paz interior é relevante para a evolução espiritual, pois permite que o indivíduo esteja em sintonia consigo mesmo e com o universo ao seu redor. Esse estado de ser possibilita uma maior conexão com a espiritualidade, facilitando a compreensão de lições e desafios ao longo da jornada espiritual.

Desafios na busca pela paz interior

Embora a paz interior seja de grande importância, a busca por esse estado de ser pode ser repleta de desafios. A vida cotidiana, com suas demandas e pressões, muitas vezes pode dificultar a manutenção da paz interior. Além disso, questões emocionais e espirituais podem surgir como obstáculos nesse caminho.

Superando obstáculos em busca da paz interior

Superar os obstáculos na busca pela paz interior requer autocompreensão, auto perdão e práticas espirituais que promovam a harmonia interior. É um processo que exige dedicação, paciência e um compromisso consigo mesmo e com a jornada espiritual.

Práticas para Alcançar a Paz Interior

Existem diversas práticas que podem auxiliar na busca e manutenção da paz interior. Essas práticas visam promover a serenidade, o equilíbrio e a conexão espiritual, proporcionando um estado de tranquilidade e harmonia interior.

Meditação e contemplação espiritual

A meditação e a contemplação espiritual são ferramentas poderosas para alcançar a paz interior. Através da meditação, o indivíduo pode acalmar a mente, cultivar a atenção plena e desenvolver uma maior consciência espiritual. A contemplação espiritual, por sua vez, permite a reflexão profunda sobre questões fundamentais da existência, promovendo a compreensão e aceitação.

Benefícios da meditação na busca pela paz interior

A prática da meditação oferece inúmeros benefícios, incluindo a redução do estresse, o fortalecimento da concentração e a promoção de um estado de calma interior. Além disso, a meditação pode proporcionar insights espirituais e uma maior conexão com a essência interior.

Autoconhecimento e auto perdão

O autoconhecimento e o auto perdão desempenham um papel crucial na conquista da paz interior. Ao compreender a própria natureza, aceitar as imperfeições e perdoar a si mesmo, o indivíduo pode alcançar um estado de serenidade e compaixão consigo mesmo e com os outros.

Papel do autoconhecimento e auto perdão na conquista da paz interior

O autoconhecimento permite que o indivíduo reconheça suas limitações e potenciais, promovendo a aceitação e o crescimento pessoal.

O auto perdão, por sua vez, libera o peso das culpas e ressentimentos, abrindo espaço para a paz interior e a cura espiritual.

Retrato Biográfico

Nome: Encontrando a Paz Interior

Principais Realizações: Práticas para Alcançar a Paz Interior

- Autoconhecimento e auto perdão
- Papel do autoconhecimento e auto perdão na conquista da paz interior
- O autoconhecimento permite que o indivíduo reconheça suas limitações e potenciais, promovendo a aceitação e o crescimento pessoal. O auto perdão, por sua vez, libera o peso das culpas e ressentimentos, abrindo espaço para a paz interior e a cura espiritual.

A Paz Interior como Estado de Ser

A paz interior não é apenas um estado passageiro, mas sim um estado de ser que permeia a vida cotidiana e as interações do indivíduo com o mundo ao seu redor. É um estado de equilíbrio e serenidade que influencia positivamente todas as áreas da vida, promovendo relacionamentos saudáveis, tomadas de decisão conscientes e uma maior conexão espiritual.

Manutenção da paz interior

Manter a paz interior requer práticas diárias que fortaleçam esse estado de ser. Através da meditação, da reflexão espiritual e do cultivo de pensamentos positivos, o indivíduo pode preservar a paz interior mesmo diante de desafios e adversidades.

Práticas diárias para preservar a paz interior

Práticas como a meditação matinal, a leitura de textos inspiradores e a expressão de gratidão são exemplos de atividades que podem contribuir para a manutenção da paz interior ao longo do dia. Além disso, o cultivo de hábitos saudáveis e a busca por momentos de tranquilidade são fundamentais para preservar esse estado de ser.

Impacto da paz interior na vida cotidiana

A paz interior influencia positivamente a vida cotidiana, promovendo relacionamentos mais harmoniosos, tomadas de decisão mais conscientes e uma maior conexão com a espiritualidade. Esse estado de ser permite que o indivíduo viva de forma mais plena e significativa, encontrando equilíbrio e serenidade em todas as áreas da vida.

Benefícios da paz interior nas relações e atividades diárias

A paz interior contribui para relacionamentos mais saudáveis, uma maior clareza mental e uma atitude mais compassiva diante das situações do dia a dia. Além disso, promove uma maior conexão com o propósito de vida e uma vivência mais consciente e alinhada com os valores espirituais.

CAPÍTULO 6
Valorizando o Tempo na Busca da Felicidade
A Relação entre Tempo e Felicidade

A busca pela felicidade está intrinsecamente ligada ao tempo, pois é por meio dele que vivenciamos as experiências que moldam nossa jornada. Compreender a importância do tempo na busca pela felicidade nos permite valorizar cada momento e extrair aprendizados significativos ao longo do caminho. O tempo é um recurso precioso que, quando bem aproveitado, pode contribuir de forma significativa para a construção de uma vida plena e feliz.

Compreendendo a importância do tempo na busca pela felicidade

Refletir sobre a influência do tempo na jornada em busca da felicidade nos convida a reconhecer a natureza efêmera da vida e a valorizar cada instante como uma oportunidade única de crescimento e alegria. Ao compreender que o tempo é um elemento fundamental na construção de momentos felizes, somos impulsionados a adotar uma postura mais consciente e apreciativa em relação às experiências que vivenciamos.

Desafios temporais na busca pela felicidade

Superar obstáculos temporais na busca da felicidade requer resiliência e uma compreensão profunda do fluxo natural do tempo. Os desafios temporais, como a impaciência e a sensação de escassez, podem se apresentar ao longo da jornada, mas é justamente ao enfrentá-los que desenvolvemos a capacidade de valorizar cada momento, independentemente das circunstâncias.

Retrato Biográfico

Valorizando o Tempo na Busca da Felicidade

A Relação entre Tempo e Felicidade

Desafios temporais na busca pela felicidade

Superar obstáculos temporais na busca da felicidade requer resiliência e uma compreensão profunda do fluxo natural do tempo. Os desafios temporais, como a impaciência e a sensação de escassez, podem se apresentar ao longo da jornada, mas é justamente ao enfrentá-los que desenvolvemos a capacidade de valorizar cada momento, independentemente das circunstâncias.

Aproveitando o Tempo de Forma Significativa

A busca pela felicidade envolve a prática de atividades e a adoção de hábitos que promovem o bem-estar e a realização pessoal. Ao aproveitar o tempo de forma significativa, podemos potencializar nossa jornada em direção à felicidade, cultivando momentos de alegria e plenitude.

Atividades e práticas que promovem a felicidade

Exemplos de atividades que contribuem para a felicidade e bem-estar incluem a prática de exercícios físicos, a busca por hobbies que proporcionem satisfação pessoal, o cultivo de relacionamentos saudáveis e a dedicação a projetos que estejam alinhados com nossos valores e propósito de vida. Ao integrar tais atividades em nossa rotina, estamos investindo no fortalecimento de nossa felicidade interior.

Equilíbrio entre produtividade e lazer

A importância de equilibrar responsabilidades e momentos de lazer na busca da felicidade reside na necessidade de nutrir tanto o aspecto produtivo e realizador de nossas vidas quanto a dimensão lúdica e recreativa. O tempo dedicado ao trabalho e às responsabilidades deve ser complementado por intervalos de descanso e diversão, proporcionando um equilíbrio saudável que contribui para a manutenção de um estado de felicidade duradouro.

O Tempo como Aliado na Busca da Felicidade

Além de ser um recurso fundamental, o tempo pode ser um aliado poderoso na busca pela felicidade, desde que saibamos cultivar uma postura de gratidão, apreciação e equilíbrio em relação a ele. Valorizar o presente e projetar-se para o futuro de forma consciente são práticas que enriquecem nossa jornada e nos permitem desfrutar de uma felicidade genuína e significativa.

Cultivo de gratidão e apreciação pelo tempo

Práticas de gratidão e apreciação do tempo como fatores de felicidade nos convidam a reconhecer as bênçãos presentes em cada momento vivido. Ao cultivar a gratidão, somos capazes de enxergar as dádivas que o tempo nos oferece, mesmo nas situações mais desafiadoras, e isso contribui para a construção de um estado de contentamento e alegria interior.

Valorização do presente e projeção para o futuro

Equilibrar a vivência plena do presente com a projeção consciente para o futuro nos permite desfrutar do momento presente enquanto construímos alicerces sólidos para uma jornada futura repleta de significado e propósito. Valorizar o tempo como aliado na busca da felicidade implica em adotar uma postura ativa e consciente em relação às escolhas e ações que empreendemos, sempre alinhadas com nossos valores e aspirações mais profundas.

CAPÍTULO 7

A Doutrina Espírita e a Evolução Espiritual

Princípios Fundamentais da Doutrina Espírita

A Doutrina Espírita, codificada por Allan Kardec, fundamenta-se em princípios que buscam explicar a natureza, origem e destino dos espíritos, assim como suas relações com o mundo material. Dois desses princípios fundamentais são a reencarnação e a lei de causa e efeito.

Reencarnação e lei de causa e efeito

A reencarnação, segundo a Doutrina Espírita, é o processo pelo qual o espírito retorna à vida corpórea, em diferentes existências, com o objetivo de evoluir moral e intelectualmente. Através da reencarnação, o espírito tem a oportunidade de resgatar erros do passado, aprender lições e progredir espiritualmente.

A lei de causa e efeito, também conhecida como lei de ação e reação, estabelece que cada ação gera uma reação correspondente. Nesse contexto, as ações do indivíduo, tanto positivas quanto negativas, geram consequências que se manifestam ao longo de suas experiências reencarnatórias, contribuindo para seu aprendizado e evolução espiritual.

Pluralidade dos mundos habitados

A Doutrina Espírita também aborda a pluralidade dos mundos habitados, indicando que o universo é povoado por inúmeras formas de vida, em diferentes estágios de evolução. Essa concepção amplia a compreensão do papel do ser humano no contexto cósmico, estimulando a reflexão sobre a diversidade e a inter-relação entre os diferentes habitantes do universo.

Você Sabia?

A Doutrina Espírita também aborda a pluralidade dos mundos habitados, indicando que o universo é povoado por inúmeras formas de vida, em diferentes estágios de evolução. Essa concepção amplia a compreensão do papel do ser humano no contexto cósmico, estimulando a reflexão sobre a diversidade e a inter-relação entre os diferentes habitantes do universo.

Evolução Espiritual à Luz da Doutrina Espírita

A evolução espiritual, segundo a Doutrina Espírita, possui um propósito maior, que vai além das experiências terrenas. Entender esse propósito e o papel do progresso moral e intelectual é essencial para a compreensão da jornada evolutiva do espírito.

Propósito da evolução espiritual

O propósito da evolução espiritual, de acordo com a Doutrina Espírita, é a busca constante pela aproximação com a perfeição, representada pela figura de Jesus Cristo. A evolução espiritual visa o aprimoramento das virtudes e a superação das imperfeições morais, conduzindo o espírito em direção à harmonia e à felicidade plena.

Progresso moral e intelectual

O progresso moral e intelectual são aspectos interligados no processo evolutivo do espírito. O progresso moral refere-se ao desenvolvimento das virtudes, como a caridade, a humildade e a fraternidade, enquanto o progresso intelectual está relacionado à aquisição de conhecimento e sabedoria, que contribuem para a compreensão das leis divinas e a vivência de valores éticos.

Contribuições da Doutrina Espírita para a Evolução Espiritual

A Doutrina Espírita oferece contribuições significativas para a evolução espiritual, fornecendo consolação, esclarecimento e diretrizes para a transformação interior, promovendo o crescimento e a melhoria contínua do ser.

Consolação e esclarecimento

Por meio da consolação, a Doutrina Espírita oferece amparo e conforto àqueles que enfrentam desafios e dificuldades, proporcionando a compreensão de que as provações da vida têm um propósito maior, contribuindo para o amadurecimento espiritual. O esclarecimento, por sua vez, promove a compreensão das leis divinas e a visão ampliada sobre a existência, auxiliando na superação de dúvidas e incertezas, e estimulando o desenvolvimento da fé e da confiança no plano espiritual.

Diretrizes para a transformação interior

A Doutrina Espírita oferece diretrizes claras para a transformação interior, orientando o indivíduo na prática do amor ao próximo, na busca pela equidade e na superação de sentimentos negativos, como o egoísmo e o orgulho. Além disso, fornece orientações para o cultivo de virtudes, o desenvolvimento da paciência e da resignação diante das adversidades, e a compreensão da importância do perdão e da compaixão no processo evolutivo.

CAPÍTULO 8
Desafios da Vida e o Tempo
Natureza dos Desafios na Vida

Os desafios enfrentados ao longo da vida são diversos e multifacetados. Cada indivíduo se depara com uma gama única de obstáculos, que podem surgir em diferentes áreas, como relacionamentos, carreira, saúde, e desenvolvimento pessoal e espiritual. A diversidade de desafios proporciona oportunidades para o crescimento e a superação, mas também pode representar fontes de estresse e incerteza.

Diversidade de desafios enfrentados

A diversidade de desafios enfrentados ao longo da vida é uma manifestação da complexidade e imprevisibilidade do caminho humano. Esses desafios podem incluir questões de saúde, perdas pessoais, dificuldades financeiras, conflitos interpessoais, e a busca por significado e propósito. Cada desafio traz consigo a oportunidade de aprendizado e crescimento, mas também pode representar momentos de grande dificuldade e sofrimento.

Impacto dos desafios na jornada pessoal

Os desafios enfrentados ao longo da vida exercem um impacto significativo na jornada pessoal e espiritual de cada indivíduo. Eles podem influenciar a forma como lidamos com o tempo, as escolhas que fazemos, e as nossas perspectivas em relação à vida e ao mundo. Além disso, os desafios podem ser catalisadores de transformação, levando-nos a questionar nossas crenças e valores, e a buscar um maior entendimento sobre nós mesmos e o universo que nos cerca.

Fatos e Estatísticas Rápidos
Desafios da Vida e o Tempo
Capítulo 8: Desafios da Vida e o Tempo
Natureza dos Desafios na Vida
Impacto dos desafios na jornada pessoal

- Os desafios enfrentados ao longo da vida exercem um impacto significativo na jornada pessoal e espiritual de cada indivíduo.

- Eles podem influenciar a forma como lidamos com o tempo, as escolhas que fazemos, e as nossas perspectivas em relação à vida e ao mundo.

- Além disso, os desafios podem ser catalisadores de transformação, levando-nos a questionar nossas crenças e valores, e a buscar um maior entendimento sobre nós mesmos e o universo que nos cerca.

Tempo como Elemento de Transformação
O tempo desempenha um papel fundamental no processo de superação e aprendizado diante dos desafios. Ele oferece a oportunidade para a reflexão, a cura, e o desenvolvimento de novas habilidades e perspectivas. Ao longo do tempo, somos capazes de assimilar as lições aprendidas com os desafios, e de transformar as experiências vividas em sabedoria e crescimento pessoal.

Processo de superação e aprendizado
O tempo permite que passemos por um processo de superação e aprendizado diante dos desafios. À medida que enfrentamos e lidamos com as dificuldades, o tempo nos oferece a oportunidade de processar as experiências, buscar apoio, e desenvolver estratégias para lidar com situações semelhantes no futuro. Esse processo de superação e aprendizado é essencial para o nosso crescimento pessoal e espiritual.

Crescimento e evolução diante dos desafios
O tempo desempenha um papel crucial no processo de crescimento e evolução diante dos desafios. À medida que o tempo passa, somos

capazes de refletir sobre as experiências vividas, integrar as lições aprendidas, e desenvolver uma maior compreensão de nós mesmos e do mundo ao nosso redor. Esse processo contínuo de crescimento e evolução nos permite enfrentar os desafios com maior sabedoria e resiliência.

Equilíbrio entre Desafios e Tempo

O equilíbrio entre os desafios enfrentados e o tempo disponível para lidar com eles é essencial para a nossa jornada pessoal e espiritual. Gerenciar o tempo diante dos desafios requer estratégias eficazes de organização, priorização, e autocuidado. Além disso, o tempo nos oferece a oportunidade de desenvolver um maior aprendizado e sabedoria ao longo da jornada, permitindo-nos enfrentar os desafios com uma perspectiva mais ampla e resiliente.

Gerenciamento do tempo diante dos desafios

O gerenciamento do tempo diante dos desafios pessoais e espirituais requer a adoção de estratégias eficazes para lidar com as demandas e pressões do dia a dia. Isso pode incluir a definição de prioridades, a prática de técnicas de organização, e a busca por momentos de descanso e recuperação. O equilíbrio entre enfrentar os desafios e reservar tempo para o autocuidado é essencial para a nossa saúde e bem-estar.

Aprendizado e sabedoria ao longo do tempo

O desenvolvimento de aprendizado e sabedoria ao longo do tempo diante dos desafios é uma parte fundamental da nossa jornada pessoal e espiritual. À medida que enfrentamos e superamos os desafios, somos capazes de integrar as lições aprendidas, e de desenvolver uma maior compreensão de nós mesmos e do mundo ao nosso redor. Esse processo contínuo de aprendizado e sabedoria nos permite enfrentar os desafios com maior discernimento e resiliência.

CAPÍTULO 9
A Mudança de Trajetória e a Felicidade
Reavaliação da Trajetória Pessoal

Em determinados momentos da vida, nos deparamos com a necessidade de reavaliar nossa trajetória pessoal em busca da felicidade. Essa reavaliação pode surgir como resultado de insatisfação, desafios inesperados ou um desejo genuíno de encontrar um caminho mais alinhado com nossos valores e propósito de vida. É um momento de reflexão profunda, no qual buscamos compreender o que nos motiva e o que realmente importa em nossa jornada.

Ao refletir sobre a necessidade de mudança de trajetória, é essencial compreender a importância de alinhar nossas ações com nossos valores mais profundos e aspirações genuínas. Identificar os pontos de inflexão, ou seja, os momentos decisivos que podem levar à mudança de trajetória em direção à felicidade, nos permite tomar decisões mais conscientes e alinhadas com nosso bem-estar emocional e espiritual.

Tempo como Agente de Transformação

O tempo desempenha um papel fundamental no processo de transformação pessoal em busca da felicidade. Ao longo do tempo, temos a oportunidade de amadurecer, aprender com nossas experiências e desenvolver uma compreensão mais profunda de nós mesmos e do mundo ao nosso redor. Através das vivências e do aprendizado contínuo, somos capazes de nos adaptar e evoluir, buscando sempre a realização pessoal e a felicidade genuína.

A aceitação e adaptação à mudança são aspectos essenciais nesse processo. Ao aceitarmos as mudanças que a vida nos apresenta e nos adaptarmos a elas, permitimos que o tempo atue como um aliado na nossa jornada em direção à felicidade. A capacidade de fluir com as transformações e encontrar significado em cada etapa do caminho nos permite crescer e evoluir de maneira mais harmoniosa e consciente.

Alinhamento com a Busca da Felicidade

O ajuste de prioridades e valores desempenha um papel crucial na busca da felicidade. Durante a reavaliação da trajetória pessoal, é fundamental refletir sobre o que realmente valorizamos e quais são as prioridades que orientarão nossas escolhas e ações. Esse alinhamento nos permite direcionar nossos esforços para aquilo que verdadeiramente nos traz satisfação e plenitude, contribuindo para a construção de uma vida mais significativa e feliz.

Além disso, a conexão com a espiritualidade pode ser um elemento transformador nesse processo. Ao integrarmos a espiritualidade em nossa jornada de mudança de trajetória, encontramos um suporte emocional e uma fonte de inspiração que nos auxilia a manter a fé e a esperança, mesmo diante dos desafios. A espiritualidade nos conecta com algo maior do que nós mesmos, proporcionando um sentido mais profundo à nossa busca pela felicidade e realização pessoal.

CAPÍTULO 10

A Loucura Social e a Busca pela Felicidade

Reflexão sobre a Loucura Social

Análise da pressão social e suas influências

A pressão social é uma força poderosa que exerce influência significativa sobre as escolhas e a busca pela felicidade. A sociedade impõe padrões, expectativas e ideais que nem sempre estão alinhados com as necessidades individuais. A pressão para atender a esses padrões pode gerar conflitos internos e dificultar a busca pela verdadeira felicidade.

A influência da pressão social pode se manifestar de diversas formas, desde a busca incessante pela perfeição estética até a pressão para alcançar determinados marcos sociais, como sucesso profissional, status financeiro e relacionamentos idealizados. Essa pressão pode levar à ansiedade, baixa autoestima e sentimentos de inadequação, afetando diretamente a busca pela felicidade.

Impacto da loucura social na jornada espiritual

A loucura social, caracterizada pela imposição de padrões inatingíveis e pela busca desenfreada por uma imagem idealizada de vida, pode ter um impacto profundo na jornada espiritual. A constante comparação com os outros, a busca por validação externa e a pressão para se encaixar em determinados moldes sociais podem desviar a atenção do verdadeiro propósito da evolução espiritual.

Além disso, a loucura social pode criar um ambiente de competição e individualismo, afastando as pessoas da conexão consigo mesmas e com valores espirituais mais profundos. A busca pela felicidade genuína muitas vezes é substituída pela busca por aprovação e sucesso aos olhos da sociedade, o que pode gerar um vazio interior e um distanciamento da espiritualidade.

Retrato Biográfico

Nome: A Loucura Social e a Busca pela Felicidade

Reflexão sobre a Loucura Social

Impacto: Impacto da loucura social na jornada espiritual

Desconstrução de Padrões Sociais

Desafios da desconstrução de padrões sociais

A desconstrução de padrões sociais é um processo desafiador que envolve questionar crenças arraigadas, confrontar expectativas externas e reavaliar conceitos pré-estabelecidos. Esse processo pode gerar desconforto, resistência e até mesmo conflitos interpessoais, uma vez que a sociedade nem sempre acolhe bem aqueles que desafiam as normas estabelecidas.

Enfrentar os desafios da desconstrução de padrões sociais requer coragem, autoconfiança e uma profunda conexão com os próprios valores e princípios. É um caminho que exige autenticidade e a disposição de se libertar de amarras que não condizem com a busca pela verdadeira felicidade e realização pessoal.

Libertação de influências negativas

A libertação de influências negativas é um passo fundamental na busca pela felicidade em meio à loucura social. Isso envolve identificar e afastar-se de padrões, comportamentos e relações que não contribuem para o bem-estar emocional, espiritual e mental. A libertação dessas influências permite abrir espaço para a autenticidade, a autoaceitação e a busca por uma felicidade genuína e significativa.

É importante ressaltar que a libertação de influências negativas não é um processo fácil, pois muitas vezes essas influências estão enraizadas em estruturas sociais e culturais profundamente enraizadas. No entanto, é um passo essencial para resgatar a própria identidade, reconectar-se com a espiritualidade e encontrar a verdadeira felicidade.

Resgate da Autenticidade e da Felicidade

Reconexão com a autenticidade pessoal

O resgate da autenticidade pessoal é um processo de reconexão com a essência mais profunda de cada indivíduo. Envolve a aceitação de si mesmo, com todas as imperfeições, singularidades e potenciais únicos. A busca pela felicidade genuína passa necessariamente pela reconexão com a autenticidade, pois é nesse estado de ser que encontramos a verdadeira plenitude e satisfação interior.

Reconectar-se com a autenticidade pessoal em meio à loucura social requer um esforço consciente para desfazer condicionamentos, superar medos e abraçar a individualidade. É um processo de cura e redescoberta que permite a construção de uma base sólida para a busca pela felicidade e a evolução espiritual.

Valorização da espiritualidade

A valorização da espiritualidade é um elemento essencial na busca pela felicidade em contraposição à loucura social. A espiritualidade oferece um refúgio interior, um espaço de acolhimento e compreensão que transcende as pressões e expectativas sociais. Ela proporciona um sentido mais profundo de propósito, conexão com algo maior e uma fonte de paz e serenidade em meio ao caos da loucura social.

Valorizar a espiritualidade significa dedicar tempo para cultivar a conexão com o sagrado, praticar a gratidão, buscar o autoconhecimento e viver de acordo com princípios éticos e compassivos. É um caminho que oferece sustentação e orientação na jornada em busca da verdadeira felicidade, independentemente das influências externas.

CAPÍTULO 11
O Tempo como Aliado na Evolução Espiritual
Compreensão da Natureza do Tempo

O tempo é uma dimensão fundamental na jornada espiritual, pois sua natureza cíclica e constante nos oferece oportunidades de crescimento e transformação. Ao refletirmos sobre a natureza do tempo na jornada espiritual, podemos perceber que ele é um aliado valioso, proporcionando as condições para que possamos evoluir espiritualmente.

A passagem do tempo nos desafia a compreender a impermanência das coisas e a valorizar cada momento como uma oportunidade única de aprendizado e evolução. Ao reconhecermos a natureza do tempo como aliado na evolução espiritual, somos convidados a viver de forma mais consciente e plena, aproveitando as experiências que ele nos proporciona.

Sincronicidade e Aprendizado Espiritual

A sincronicidade, conceito desenvolvido pelo psicólogo Carl Gustav Jung, refere-se à ocorrência de eventos significativos de forma simultânea, sem uma relação de causa e efeito aparente. Na jornada espiritual, a sincronicidade se apresenta como um aspecto fundamental do aprendizado, pois nos permite reconhecer padrões e conexões que vão além da compreensão racional.

Ao reconhecer e compreender a sincronicidade na jornada espiritual, somos convidados a desenvolver uma percepção mais ampla e profunda da realidade, enxergando os eventos como oportunidades de crescimento e transformação. Através da sincronicidade, somos conduzidos a expandir nossa consciência e a integrar os aprendizados espirituais ao longo do tempo, enriquecendo nossa jornada de evolução.

Tempo como Fator de Maturidade Espiritual

O desenvolvimento da maturidade espiritual ao longo do tempo é um processo gradual e contínuo, que nos convida a cultivar virtudes como paciência, compaixão e discernimento. Através das experiências vivenciadas ao longo da jornada espiritual, somos desafiados a aprimorar nossa compreensão da vida e a desenvolver uma postura mais equilibrada diante das adversidades.

A importância do tempo no desenvolvimento da maturidade espiritual reside na oportunidade que ele nos oferece de amadurecer interiormente, de aprofundar nossa conexão com o sagrado e de integrar os ensinamentos espirituais em nossa vivência cotidiana. Ao reconhecermos o tempo como fator de maturidade espiritual, somos convidados a acolher as experiências como oportunidades de crescimento e a cultivar uma visão mais ampla e compassiva da existência.

CAPÍTULO 12

Compreendendo os Ensinamentos de Cristo
Contextualização dos Ensinamentos de Cristo

Os ensinamentos de Cristo, contidos no Novo Testamento da Bíblia, representam um marco na história da humanidade e exercem uma influência significativa na evolução espiritual. Para compreender plenamente o impacto desses ensinamentos, é essencial realizar uma análise do contexto histórico e cultural em que foram proferidos.

Análise do contexto histórico e cultural

Os ensinamentos de Cristo foram transmitidos em um contexto histórico e cultural complexo. A Palestina do século I, sob domínio romano, enfrentava desafios políticos, sociais e religiosos. Nesse cenário, Cristo emergiu como um líder espiritual, trazendo uma mensagem de amor, compaixão e redenção.

A compreensão do contexto judaico da época, com suas tradições e expectativas messiânicas, é fundamental para interpretar a maneira como os ensinamentos de Cristo foram recebidos e difundidos. Além disso, a influência da cultura greco-romana e as tensões políticas da região contribuíram para moldar o ambiente em que Cristo proferiu suas palavras de sabedoria e transformação espiritual.

Relevância dos ensinamentos para a evolução espiritual

A relevância contínua dos ensinamentos de Cristo para a evolução espiritual é inegável. Suas palavras ecoam através dos séculos, oferecendo orientação e inspiração para aqueles que buscam uma conexão mais profunda com o divino. A mensagem de amor incondicional, perdão e compaixão ressoa em corações sedentos de paz interior e crescimento espiritual.

Além disso, os ensinamentos de Cristo transcendem barreiras religiosas, sendo reconhecidos como um farol de sabedoria e luz espiritual por diversas tradições e filosofias. Sua abordagem compassiva e universal continua a impactar positivamente a jornada espiritual da humanidade, promovendo valores fundamentais para a evolução individual e coletiva.

Pense e Reflita

Compreendendo os Ensinamentos de Cristo

Contextualização dos Ensinamentos de Cristo

Relevância dos ensinamentos para a evolução espiritual

A relevância contínua dos ensinamentos de Cristo para a evolução espiritual é inegável. Suas palavras ecoam através dos séculos, oferecendo orientação e inspiração para aqueles que buscam uma conexão mais profunda com o divino. A mensagem de amor incondicional, perdão e compaixão ressoa em corações sedentos de paz interior e crescimento espiritual.

Além disso, os ensinamentos de Cristo transcendem barreiras religiosas, sendo reconhecidos como um farol de sabedoria e luz espiritual por diversas tradições e filosofias. Sua abordagem compassiva e universal continua a impactar positivamente a jornada espiritual da humanidade, promovendo valores fundamentais para a evolução individual e coletiva.

Interpretação Espiritual dos Ensinamentos

A abordagem simbólica e espiritual dos ensinamentos de Cristo oferece uma perspectiva enriquecedora para aqueles que buscam compreender a essência de suas palavras. Além da interpretação literal, a compreensão simbólica permite uma imersão mais profunda nos significados ocultos e atemporais presentes nas parábolas e preceitos transmitidos por Cristo.

Abordagem simbólica e espiritual dos ensinamentos

A interpretação simbólica dos ensinamentos de Cristo revela camadas de significado que transcendem a mera compreensão literal. As parábolas, por exemplo, oferecem metáforas poderosas que iluminam aspectos essenciais da jornada espiritual, convidando os buscadores a uma reflexão profunda sobre a natureza humana e a relação com o divino.

Além disso, a abordagem espiritual dos ensinamentos de Cristo permite uma conexão direta com a essência universal da mensagem, independentemente de dogmas ou doutrinas específicas. A compreensão espiritual desses ensinamentos transcende fronteiras religiosas, unindo corações em busca da verdade e da luz interior.

Aplicação prática dos princípios

A aplicação prática dos princípios ensinados por Cristo na vida espiritual representa um convite à transformação interior e à vivência autêntica dos valores propostos. A compaixão, o perdão, a humildade e a caridade, entre outros princípios, constituem um mapa para a evolução espiritual e a construção de um mundo mais justo e amoroso.

Ao internalizar e viver tais princípios, os indivíduos se tornam agentes de mudança positiva, irradiando a luz do amor e da compaixão em suas interações diárias. A aplicação prática dos ensinamentos de Cristo transcende a teoria, manifestando-se em atos concretos de bondade, solidariedade e respeito ao próximo.

Unidade e Amor como Pilares

A mensagem de unidade e amor presentes nos ensinamentos de Cristo representa os pilares fundamentais para a evolução espiritual e a construção de um mundo mais harmonioso. A ênfase na unidade da família humana e no amor incondicional como força transformadora ecoa como um chamado à fraternidade e à compreensão mútua.

Enfoque na unidade e amor como fundamentos

A importância da unidade como fundamento dos ensinamentos de Cristo ressalta a interconexão de toda a criação e a responsabilidade compartilhada na construção de um mundo mais justo e pacífico. A visão de Cristo sobre a unidade transcende barreiras e diferenças, convidando a humanidade a reconhecer a essência comum que une a todos.

Da mesma forma, o amor incondicional, expresso na máxima "amar ao próximo como a si mesmo", representa a força propulsora da evolução espiritual. O cultivo do amor em todas as suas formas, desde a compaixão até a empatia, constitui um caminho seguro para a transformação interior e a construção de relacionamentos saudáveis e significativos.

Vivência dos princípios no cotidiano

A importância da vivência dos princípios de unidade e amor no cotidiano se manifesta na maneira como os indivíduos interagem com o mundo ao seu redor. A prática do amor e da unidade em todas as esferas da vida promove um ambiente de respeito mútuo, compreensão e cooperação, contribuindo para a evolução espiritual individual e coletiva.

Além disso, a vivência desses princípios no cotidiano fortalece a conexão com o divino, permitindo que a luz do amor e da unidade brilhe em cada ação e pensamento, inspirando outros a trilhar o caminho da evolução espiritual e da compaixão universal.

CAPÍTULO 13
A Responsabilidade pela Própria Evolução
Autonomia e Autodeterminação na Evolução Espiritual

A busca espiritual é uma jornada única e pessoal para cada indivíduo. Nesse contexto, a autonomia desempenha um papel fundamental na responsabilidade pela própria evolução espiritual. A capacidade de tomar decisões conscientes e alinhar as ações com os valores e crenças pessoais é essencial para o progresso espiritual.

A autonomia espiritual permite que cada pessoa explore sua própria compreensão da existência, do propósito da vida e da conexão com o divino. Ao assumir a responsabilidade pela própria evolução, o indivíduo se torna o protagonista de sua jornada espiritual, buscando significado e transcendência de acordo com suas convicções mais profundas.

Papel da autonomia na busca espiritual

A autonomia na busca espiritual envolve a liberdade de escolha e a capacidade de discernir o caminho a seguir. Cada indivíduo é dotado da capacidade de explorar diferentes tradições espirituais, filosofias de vida e práticas de conexão com o sagrado, a fim de encontrar seu próprio caminho de evolução.

Essa liberdade de exploração espiritual permite que a jornada seja moldada de acordo com as necessidades, anseios e experiências únicas de cada pessoa, promovendo um senso de responsabilidade e comprometimento com o próprio crescimento interior.

Desenvolvimento da autodeterminação

A autodeterminação na evolução espiritual refere-se à capacidade de estabelecer metas, definir intenções e seguir um caminho alinhado com a própria visão de crescimento e transcendência. Esse processo envolve a reflexão profunda sobre as motivações internas, a superação de desafios e a busca por uma conexão autêntica com o sagrado.

Ao desenvolver a autodeterminação, o indivíduo assume a responsabilidade por suas escolhas e ações, reconhecendo que a evolução espiritual é uma jornada contínua que demanda comprometimento, coragem e integridade pessoal.

Tomada de Decisões Conscientes

A evolução espiritual é permeada por inúmeras decisões que moldam a jornada de cada indivíduo. A importância da consciência nas escolhas está relacionada à capacidade de alinhar as decisões com os princípios éticos, morais e espirituais que orientam a busca por um estado mais elevado de consciência e conexão com o divino.

Ao fazer escolhas conscientes, o indivíduo reconhece o impacto de suas ações no processo de evolução espiritual, buscando promover a harmonia interior, o bem-estar coletivo e a integridade pessoal em todas as esferas da vida.

Importância da consciência nas escolhas

A consciência nas escolhas espirituais envolve a reflexão profunda sobre as intenções por trás de cada decisão, a avaliação dos possíveis desdobramentos e a consideração do impacto que tais escolhas terão no próprio desenvolvimento e no contexto ao redor.

Esse nível de consciência promove a integridade espiritual, a congruência entre pensamentos, palavras e ações, e a construção de um caminho evolutivo pautado na sabedoria, compaixão e amor incondicional.

Reflexão sobre as consequências das decisões

A exploração das consequências das decisões conscientes na evolução espiritual permite que o indivíduo compreenda a interconexão entre suas escolhas e o fluxo da vida. Cada decisão é uma oportunidade de aprendizado, crescimento e contribuição para a construção de um mundo mais harmônico e espiritualmente elevado.

A reflexão sobre as consequências das decisões também estimula a responsabilidade pessoal, a humildade diante dos desafios e a gratidão pelas oportunidades de evolução que se apresentam ao longo da jornada espiritual.

Pense e Reflita

Tomada de Decisões Conscientes

Reflexão sobre as consequências das decisões

A exploração das consequências das decisões conscientes na evolução espiritual permite que o indivíduo compreenda a interconexão entre suas escolhas e o fluxo da vida. Cada decisão é uma oportunidade de aprendizado, crescimento e contribuição para a construção de um mundo mais harmônico e espiritualmente elevado.

A reflexão sobre as consequências das decisões também estimula a responsabilidade pessoal, a humildade diante dos desafios e a gratidão pelas oportunidades de evolução que se apresentam ao longo da jornada espiritual.

Engajamento Ativo na Evolução

A participação ativa no processo evolutivo é um ato de responsabilidade e comprometimento com a própria jornada espiritual. Esse engajamento envolve a busca por conhecimento, a prática de virtudes, a superação de limitações e a contribuição para o bem-estar coletivo, promovendo a evolução pessoal e a expansão da consciência.

Ao se engajar ativamente na evolução espiritual, o indivíduo reconhece que cada passo dado, cada desafio superado e cada ato de amor e compaixão contribuem para a construção de um mundo mais iluminado e espiritualmente enriquecido.

Participação ativa no processo evolutivo

A participação ativa na evolução espiritual requer dedicação, disciplina e abertura para o aprendizado contínuo. Esse engajamento se manifesta por meio da busca por práticas que promovam o crescimento interior, a conexão com a espiritualidade e a expansão da consciência em todas as dimensões da vida.

Essa participação ativa também se reflete na disposição para enfrentar desafios, lidar com as próprias sombras e contribuir para a construção de um mundo mais justo, amoroso e espiritualmente consciente.

Contribuição para o bem coletivo

A contribuição para o bem coletivo na evolução espiritual está relacionada à compreensão de que a jornada individual se entrelaça com a jornada de todos os seres. Ao buscar o próprio crescimento, o indivíduo também se torna um agente de transformação e inspiração para a evolução coletiva.

Essa contribuição se manifesta por meio de atos de serviço, solidariedade, compaixão e amor ao próximo, promovendo a construção de uma sociedade mais justa, pacífica e espiritualmente conectada.

CAPÍTULO 14

A Benção da Paz Interior

Compreensão da Paz Interior

A paz interior é um estado de tranquilidade e harmonia que pode ser alcançado através da jornada espiritual. Ela representa um equilíbrio emocional e espiritual que traz serenidade e contentamento, independentemente das circunstâncias externas. A busca pela paz interior é fundamental para a evolução espiritual, pois permite lidar com os desafios e adversidades de forma mais equilibrada e consciente.

Significado e importância da paz interior

A paz interior vai além da ausência de conflitos. Ela representa a capacidade de manter a serenidade mesmo diante das situações mais desafiadoras. A importância da paz interior na jornada espiritual reside no fato de que ela proporciona um estado de equilíbrio que favorece a conexão com o eu interior e com a espiritualidade. É um estado de ser que promove a clareza mental e emocional, permitindo uma visão mais ampla e compassiva da vida.

Alcance da paz interior

O alcance da paz interior requer um processo de autoconhecimento e aceitação. É um caminho que envolve a prática da gratidão, do perdão e da compaixão consigo mesmo e com os outros. A paz interior pode ser alcançada através da meditação, da reflexão, do cultivo de pensamentos positivos e da busca por atividades que promovam a conexão espiritual. É um estado que se manifesta quando há congruência entre as crenças, valores e ações, resultando em uma sensação de plenitude e harmonia interior.

Você Sabia?

A paz interior pode ser alcançada através da prática da gratidão, do perdão e da compaixão consigo mesmo e com os outros. Além disso, a meditação, a reflexão e o cultivo de pensamentos positivos são ferramentas que podem auxiliar nesse processo.

Harmonia e Equilíbrio Espiritual

A busca pela harmonia interior é um processo contínuo na jornada espiritual. Envolve a integração e equilíbrio das dimensões física, emocional, mental e espiritual. A harmonia interior é essencial para o desenvolvimento espiritual, pois permite a conexão com a essência mais profunda do ser e com a energia universal que permeia todas as coisas.

Busca pela harmonia interior

A busca pela harmonia interior requer a prática de atividades que promovam o equilíbrio entre corpo, mente e espírito. Isso pode incluir a prática regular de exercícios físicos, a alimentação saudável, a meditação, a leitura de textos inspiradores, o contato com a natureza e a busca por momentos de introspecção e recolhimento. A harmonia interior também está relacionada à busca por propósito e significado na vida, o que pode envolver a realização de atividades que estejam alinhadas com os valores e aspirações pessoais.

Manutenção do equilíbrio espiritual

A manutenção do equilíbrio espiritual requer a prática constante de auto-observação e autogerenciamento. Isso envolve a atenção plena às emoções, pensamentos e comportamentos, buscando identificar e transformar padrões que possam gerar desequilíbrio. Além disso, a busca por orientação espiritual, seja através de práticas religiosas ou filosofias de vida, pode contribuir significativamente para a manutenção do equilíbrio espiritual.

Paz Interior e Relacionamentos

A paz interior exerce um impacto significativo nos relacionamentos interpessoais e espirituais. Ela influencia a forma como nos relacionamos com os outros, promovendo a empatia, a compaixão e a capacidade de estabelecer vínculos saudáveis e significativos.

Impacto da paz interior nos relacionamentos

A paz interior permite lidar com os relacionamentos de forma mais equilibrada e amorosa. Ela favorece a comunicação assertiva, a resolução pacífica de conflitos e a capacidade de oferecer suporte emocional aos outros. Além disso, a paz interior contribui para a construção de relacionamentos baseados na confiança, na reciprocidade e no respeito mútuo.

Cultivo de relacionamentos harmoniosos

O cultivo de relacionamentos harmoniosos está intrinsecamente ligado à busca pela paz interior. Isso envolve a prática da escuta ativa, da compreensão empática e do acolhimento das diferenças. Relacionamentos baseados na paz interior são fonte de crescimento mútuo, apoio emocional e compartilhamento de valores e propósitos comuns.

CAPÍTULO 15

A Busca pela Felicidade e a Espiritualidade

Conexão entre Espiritualidade e Felicidade

A espiritualidade desempenha um papel fundamental na busca pela felicidade. A conexão entre esses dois aspectos da vida humana é profunda e impactante. A espiritualidade oferece um caminho para a compreensão mais profunda do eu interior, permitindo que a pessoa encontre a verdadeira fonte de felicidade dentro de si mesma. Ao se conectar com a espiritualidade, a busca pela felicidade transcende as circunstâncias externas e se torna uma jornada de autodescoberta e realização interior.

A espiritualidade também proporciona um senso de propósito e significado, que são fundamentais para a experiência da felicidade. Ao encontrar um propósito maior na vida, a pessoa se sente mais conectada consigo mesma, com os outros e com o universo, o que contribui significativamente para a sensação de plenitude e contentamento.

Desapego e Gratidão

O desapego é uma peça-chave na busca pela felicidade na espiritualidade. Ao praticar o desapego, a pessoa se liberta das amarras do apego excessivo às coisas materiais, às expectativas e às situações que fogem do seu controle. Isso não significa desconsiderar as responsabilidades ou abandonar os relacionamentos, mas sim cultivar uma mentalidade de desapego saudável, onde a pessoa aprende a aceitar as mudanças e a fluir com as experiências da vida.

A gratidão é outra prática essencial na jornada espiritual em busca da felicidade. Ao cultivar a gratidão, a pessoa desenvolve uma perspectiva mais positiva da vida, reconhecendo e valorizando as bênçãos e as lições que cada experiência traz. A gratidão permite que a pessoa se concentre no que é bom e significativo, mesmo em meio aos desafios, promovendo um estado de contentamento e apreciação pela vida.

Propósito e Significado na Jornada Espiritual

A busca pelo propósito de vida é um elemento central na jornada espiritual em direção à felicidade. Encontrar um propósito maior dá sentido e direção à vida, permitindo que a pessoa se sinta parte de algo maior do que ela mesma. O propósito oferece um norte, uma motivação intrínseca que impulsiona a pessoa a buscar a realização de seus potenciais e a contribuir de forma significativa para o mundo ao seu redor.

Além disso, a espiritualidade proporciona um espaço para o encontro de significado. Através da conexão com algo transcendente, seja por meio da religião, da meditação, da natureza ou de outras práticas espirituais, a pessoa encontra um significado mais profundo em sua existência. Esse encontro de significado traz uma sensação de plenitude e satisfação, nutrindo a busca pela felicidade de uma maneira que vai além das circunstâncias externas.

CAPÍTULO 16

A Influência Negativa e a Paz Interior
Identificação de Influências Negativas

Na jornada espiritual, é fundamental o reconhecimento e a identificação das influências negativas que podem impactar a busca pela paz interior. Essas influências podem se manifestar de diversas formas, desde pensamentos e emoções negativas até ambientes tóxicos e relacionamentos prejudiciais.

Reconhecimento de influências negativas

O primeiro passo para proteger a paz interior é reconhecer as influências negativas presentes no ambiente interno e externo. Isso requer autoconhecimento, reflexão e atenção plena para identificar padrões de pensamento, comportamentos e situações que possam gerar desequilíbrio emocional e espiritual.

Além disso, é importante estar atento aos estímulos externos que podem impactar negativamente a paz interior, como ambientes carregados de energia densa, notícias perturbadoras e interações desarmônicas.

Impacto das influências negativas

O impacto das influências negativas na jornada espiritual e na paz interior pode ser profundo. Essas influências podem gerar ansiedade, medo, raiva, tristeza e desânimo, dificultando a conexão com a espiritualidade e a manutenção de um estado de serenidade e equilíbrio.

Além disso, a presença constante de influências negativas pode minar a confiança, a autoestima e a capacidade de lidar com os desafios da vida, tornando-se um obstáculo significativo para o progresso na jornada espiritual.

Proteção e Limpeza Espiritual

Diante da presença de influências negativas, é essencial adotar práticas de proteção e limpeza espiritual para preservar a paz interior e promover um ambiente propício ao crescimento espiritual.

Métodos de proteção espiritual

Existem diversos métodos de proteção espiritual que podem ser empregados, tais como a visualização de escudos de proteção, a invocação de energias positivas, a utilização de amuletos e a prática de rituais de purificação. Essas práticas visam criar uma barreira de proteção contra influências negativas, fortalecendo a esfera espiritual do indivíduo.

Práticas de limpeza espiritual

As práticas de limpeza espiritual têm como objetivo remover as energias negativas que possam ter se acumulado no campo energético do indivíduo. Isso pode ser feito por meio de meditações de limpeza, banhos energéticos, defumações e a utilização de cristais e ervas purificadoras. A limpeza espiritual promove a renovação das energias, restabelecendo o equilíbrio e a harmonia interior.

Pense e Reflita
Proteção e Limpeza Espiritual
Práticas de limpeza espiritual

As práticas de limpeza espiritual têm como objetivo remover as energias negativas que possam ter se acumulado no campo energético do indivíduo. Isso pode ser feito por meio de meditações de limpeza, banhos energéticos, defumações e a utilização de cristais e ervas purificadoras. A limpeza espiritual promove a renovação das energias, restabelecendo o equilíbrio e a harmonia interior.

Cultivo de Ambientes Positivos

Além das práticas individuais, a criação de ambientes positivos e a manutenção de relacionamentos saudáveis desempenham um papel fundamental na preservação da paz interior e no afastamento de influências negativas.

Criação de ambientes positivos

É importante cultivar ambientes que irradiem harmonia, serenidade e positividade. Isso pode envolver a organização do espaço físico, a inclusão de elementos naturais, a prática de limpeza regular e a criação de espaços destinados à meditação e contemplação. Ambientes positivos contribuem para a manutenção de um estado de paz interior e favorecem a conexão com a espiritualidade.

Relacionamentos saudáveis

Os relacionamentos desempenham um papel significativo na jornada espiritual. Cultivar vínculos baseados no respeito, na empatia e na troca equilibrada de energias é essencial para afastar influências negativas. Relacionamentos saudáveis promovem o apoio mútuo, a compreensão e o fortalecimento emocional, contribuindo para a preservação da paz interior e o crescimento espiritual.

CAPÍTULO 17

O Tempo como Agente de Transformação

Natureza Transformadora do Tempo

A natureza do tempo vai além de sua simples medição. O tempo possui uma capacidade intrínseca de promover transformações significativas na jornada espiritual. Ao refletirmos sobre a natureza transformadora do tempo, somos convidados a compreender sua influência sutil, porém poderosa, em nossas vidas.

Reflexão sobre a natureza transformadora do tempo

A reflexão sobre a natureza transformadora do tempo nos leva a considerar como as experiências vividas ao longo do tempo moldam nossa visão de mundo, nossos valores e nossa espiritualidade. Cada instante, cada ciclo temporal, carrega consigo a semente da transformação, convidando-nos a evoluir e a nos renovar constantemente.

Exploração da capacidade do tempo de promover transformações na jornada espiritual

Explorar a capacidade do tempo de promover transformações na jornada espiritual nos leva a reconhecer que as mudanças temporais não são meros eventos passageiros, mas sim oportunidades para crescimento, aprendizado e evolução. Cada momento, cada desafio temporal, é uma oportunidade para nos tornarmos mais conscientes, compassivos e conectados com nossa essência espiritual.

Retrato Biográfico
O Tempo como Agente de Transformação

- Natureza Transformadora do Tempo
- Reflexão sobre a natureza transformadora do tempo
- Exploração da capacidade do tempo de promover transformações na jornada espiritual

Explorar a capacidade do tempo de promover transformações na jornada espiritual nos leva a reconhecer que as mudanças temporais não são meros eventos passageiros, mas sim oportunidades para crescimento, aprendizado e evolução. Cada momento, cada desafio temporal, é uma oportunidade para nos tornarmos mais conscientes, compassivos e conectados com nossa essência espiritual.

Aceitação das mudanças temporais

A importância da aceitação das mudanças temporais reside na compreensão de que resistir ao fluxo natural do tempo pode gerar sofrimento e estagnação. Ao aceitarmos as mudanças temporais, abrimos espaço para a transformação, permitindo que a sabedoria do tempo atue em nossas vidas de maneira harmoniosa e benéfica.

Importância da aceitação das mudanças temporais como parte do processo de transformação

A aceitação das mudanças temporais é um ato de confiança no processo de evolução espiritual. Ao acolhermos as transformações que o tempo nos traz, demonstramos nossa disposição em aprender com as experiências vividas, em vez de resistir a elas. Essa atitude nos permite fluir com o tempo, integrando suas lições em nosso caminho espiritual.

Oportunidades de Crescimento

O tempo oferece inúmeras oportunidades para crescimento espiritual e transformação pessoal. Cada momento vivido é uma chance de expandir nossa consciência, aprimorar nossas virtudes e fortalecer nossa conexão com o divino. Ao refletirmos sobre o aproveitamento do tempo como oportunidade para crescimento espiritual, somos convidados a valorizar cada instante como uma dádiva para evoluir.

Aproveitamento do tempo para crescimento espiritual

O aproveitamento do tempo para crescimento espiritual requer uma postura de abertura e receptividade às experiências que se apresentam em nosso caminho. Cada desafio, cada alegria, cada encontro, é uma oportunidade para aprofundar nossa compreensão da vida e expandir nossa percepção espiritual.

Reflexão sobre o aproveitamento do tempo como oportunidade para crescimento espiritual e transformação pessoal

A reflexão sobre o aproveitamento do tempo como oportunidade para crescimento espiritual nos convida a questionar como estamos utilizando o presente para nutrir nossa evolução interior. Ao reconhecermos o valor de cada momento, somos impelidos a agir com consciência e propósito, buscando extrair o máximo de aprendizado e crescimento de cada experiência temporal.

Superando desafios temporais

A jornada espiritual é permeada por desafios temporais que nos convidam a superar limites, a fortalecer nossa resiliência e a aprofundar nossa fé. Superar tais desafios requer coragem, determinação e uma visão ampliada do tempo, que nos permite compreender que as dificuldades são oportunidades disfarçadas de crescimento e superação.

Análise da superação de desafios temporais como parte do processo de transformação

A análise da superação de desafios temporais nos leva a reconhecer que, ao enfrentarmos as provações temporais com sabedoria e amor, fortalecemos nossa capacidade de transcender as limitações e de nos tornarmos seres mais compassivos e resilientes. Cada desafio superado é uma vitória da alma, uma afirmação de nosso potencial de transformação e crescimento espiritual.

Ciclos Temporais e Renovação

Os ciclos temporais são expressões da sabedoria cósmica, que nos convidam a compreender a natureza cíclica da vida e a abraçar o processo contínuo de renovação espiritual. Ao refletirmos sobre a compreensão dos ciclos temporais, somos convidados a reconhecer que a renovação é uma constante na jornada espiritual, trazendo consigo a promessa de novos começos e oportunidades de transformação.

Compreensão dos ciclos temporais

A compreensão dos ciclos temporais nos convida a contemplar a natureza cíclica do tempo, que se manifesta em estações, fases da lua, ciclos de nascimento e morte, entre outros padrões recorrentes na natureza e na existência humana. Essa compreensão nos permite integrar a sabedoria dos ciclos temporais em nossa jornada espiritual, reconhecendo que cada fase possui sua própria beleza e ensinamentos.

Exploração da compreensão dos ciclos temporais como parte do processo de renovação espiritual

A exploração da compreensão dos ciclos temporais como parte do processo de renovação espiritual nos convida a acolher as mudanças como oportunidades para nos reinventarmos, para nos libertarmos do que já não nos serve mais e para abraçarmos o fluxo constante da vida com gratidão e aceitação. Cada ciclo traz consigo a promessa de renovação, convidando-nos a nos abrir para o novo e a nos permitir ser transformados pela sabedoria do tempo.

Citações Famosas

- "O tempo é o melhor autor: sempre encontra um final perfeito." - Charles Chaplin
- "Não desperdice seu tempo olhando para trás, você não está indo naquela direção." - Ragnar Lothbrok
- "O tempo é uma invenção da mente humana. Ele não existe no mundo real." - Isaac Bashevis Singer
- "O tempo é a coisa mais valiosa que uma pessoa pode gastar." – Theophrastus

Renovação e transformação pessoal

A renovação espiritual é um convite à transformação pessoal, à busca contínua por um estado de ser mais alinhado com nossa essência espiritual. Ao refletirmos sobre a renovação como parte do processo de transformação, somos convidados a abraçar a jornada de autodescoberta e a permitir que o tempo atue como um agente catalisador de nossa evolução interior.

Reflexão sobre a renovação como parte do processo de transformação pessoal e espiritual

A reflexão sobre a renovação como parte do processo de transformação pessoal e espiritual nos convida a reconhecer que, ao nos abrirmos para a renovação, nos permitimos ser transformados pela luz do amor e da sabedoria divina. Cada renovação é um convite para nos reconectarmos com nossa verdadeira essência e para nos tornarmos co-criadores conscientes de nossa jornada espiritual.

CAPÍTULO 18

A Jornada Espiritual e a Evolução Pessoal

Entendendo a Jornada Espiritual

Significado da jornada espiritual

A jornada espiritual é um processo de autoconhecimento e crescimento interior, no qual o indivíduo busca compreender sua essência, seu propósito e sua conexão com o divino. É uma busca constante por evolução e transcendência, que envolve a exploração de questões profundas e a busca por respostas que possam guiar a vida em direção a um estado de maior plenitude e harmonia.

Na jornada espiritual, o indivíduo se depara com questionamentos existenciais e busca compreender o significado da vida, o papel das experiências pessoais e a relação com o universo. É um caminho de descobertas interiores, que muitas vezes se manifesta por meio de práticas meditativas, reflexões profundas e busca por sabedoria espiritual.

Desafios e recompensas

Os desafios encontrados na jornada espiritual são inerentes ao processo de autoconhecimento e transformação interior. Muitas vezes, o indivíduo se depara com suas próprias limitações, medos e resistências, o que pode gerar conflitos internos e emocionais. Além disso, a busca por respostas profundas pode levar a momentos de incerteza e desconforto, à medida que se questionam crenças e paradigmas estabelecidos.

No entanto, as recompensas da jornada espiritual são imensuráveis. À medida que o indivíduo supera os desafios e se abre para o processo de transformação, ele encontra um sentido mais profundo para a vida, experimenta uma sensação de conexão com algo maior do que ele mesmo e vivencia momentos de paz, gratidão e plenitude interior.

Você Sabia?

A jornada espiritual pode ser uma experiência desafiadora, mas também extremamente recompensadora. Ao longo desse caminho, é comum encontrar obstáculos que podem gerar conflitos internos e emocionais, mas também proporcionar momentos de autoconhecimento e transformação interior.

Superar esses desafios pode levar a uma sensação de conexão com algo maior do que nós mesmos, trazendo um sentido mais profundo para a vida e momentos de paz, gratidão e plenitude interior.

Transformação Pessoal

Processo de transformação interior

A transformação pessoal na jornada espiritual é um processo contínuo de crescimento e evolução, no qual o indivíduo se liberta de padrões limitantes, expande sua consciência e desenvolve uma compreensão mais profunda de si mesmo e do mundo ao seu redor. Esse processo envolve a superação de condicionamentos, a cura de feridas emocionais e a integração de aspectos sombrios da personalidade.

À medida que a transformação interior se desdobra, o indivíduo se torna mais consciente de suas motivações, valores e propósito de vida. Ele desenvolve uma maior compaixão consigo mesmo e com os outros, e passa a agir de forma mais alinhada com sua essência e suas aspirações espirituais.

Autoconhecimento e autodescoberta

O autoconhecimento e a autodescoberta são pilares fundamentais da evolução pessoal na jornada espiritual. Através da prática da auto-observação, da reflexão e do diálogo interno, o indivíduo adquire uma compreensão mais profunda de suas motivações, medos, desejos e potenciais. Ele se torna mais consciente de suas sombras e luzes, e aprende a integrar esses aspectos de forma equilibrada e saudável.

Esse processo de autodescoberta possibilita a reconexão com a essência verdadeira, a descoberta de talentos e dons latentes, e a aceitação amorosa de todas as partes que compõem o ser. Através do autoconhecimento, o indivíduo se liberta de condicionamentos e expectativas externas, e passa a viver de forma mais autêntica e alinhada com sua verdade interior.

Equilíbrio e Harmonia

Busca pelo equilíbrio espiritual

A busca pelo equilíbrio espiritual na jornada pessoal envolve a integração de diferentes aspectos da vida, tais como o físico, emocional, mental e espiritual. É um processo de harmonização interna, no qual o indivíduo busca viver de forma coerente e equilibrada, honrando suas necessidades e aspirações em todas as áreas da existência.

O equilíbrio espiritual se manifesta através da prática de hábitos saudáveis, da busca por relações harmoniosas, do cultivo de pensamentos positivos e da conexão com práticas espirituais que promovam a paz interior e a serenidade. É um estado de equilíbrio dinâmico, que se renova constantemente através da consciência e da atenção plena.

Harmonia interior

A harmonia interior é o resultado da integração e equilíbrio entre os diferentes aspectos da vida e da consciência. É um estado de ser no qual o indivíduo experimenta uma sensação de paz, plenitude e conexão com o divino, independentemente das circunstâncias externas. A harmonia interior se manifesta através de uma atitude de aceitação, gratidão e amor incondicional.

Na jornada espiritual, a busca pela harmonia interior é um processo contínuo de purificação e elevação da consciência, que envolve a superação de desafios, a cura de feridas emocionais e a integração de aprendizados. É um estado de ser que se cultiva através da prática da presença consciente, da meditação, da contemplação e do serviço amoroso ao próximo.

CAPÍTULO 19

Encontrando Conforto na Espiritualidade

A Busca por Conforto Espiritual

A busca por conforto espiritual é uma necessidade humana fundamental, especialmente em momentos desafiadores da jornada pessoal. Em meio a dificuldades, incertezas e dores, a espiritualidade oferece um refúgio para acalmar o coração e encontrar forças para seguir adiante. A necessidade de buscar conforto na espiritualidade é intrínseca à natureza humana, pois a conexão com algo maior do que nós mesmos traz alívio e esperança.

Ao enfrentar perdas, decepções ou obstáculos intransponíveis, a busca por conforto espiritual se torna uma âncora para a alma, proporcionando um senso de paz e acolhimento em meio à tempestade. A espiritualidade oferece um espaço sagrado onde a dor pode ser compartilhada e transformada, permitindo que a luz da compreensão e aceitação ilumine os momentos mais sombrios da existência.

Exploração da necessidade de buscar conforto na espiritualidade em momentos desafiadores

A necessidade de buscar conforto na espiritualidade em momentos desafiadores é uma resposta natural à vulnerabilidade humana. A espiritualidade oferece um terreno fértil para a expressão das emoções mais profundas e a busca por respostas que transcendem a compreensão racional. Em tempos de sofrimento, a conexão com o divino e a busca por conforto espiritual se tornam bálsamos para a alma, proporcionando um alívio que vai além das palavras.

A jornada espiritual, nesses momentos, se revela como um caminho de cura e renovação, onde a busca por conforto na espiritualidade se torna uma jornada de autodescoberta e fortalecimento interior. A necessidade de encontrar conforto na espiritualidade é um convite para mergulhar nas profundezas da própria alma e buscar respostas que transcendem a realidade material, encontrando consolo e esperança no âmago do ser.

Fontes de conforto espiritual

As fontes de conforto espiritual são diversas e se manifestam de maneiras únicas para cada indivíduo. A espiritualidade oferece um vasto repertório de recursos para acalmar a alma e encontrar paz interior. As práticas de meditação, oração, contemplação e conexão com a natureza são fontes de conforto espiritual que proporcionam um refúgio para a mente e o coração.

Além disso, as comunidades espirituais, sejam elas religiosas ou filosóficas, oferecem um espaço de acolhimento e suporte mútuo, onde a partilha de experiências e a solidariedade se tornam fontes de conforto espiritual. A arte, a música, a literatura e a expressão criativa também desempenham um papel fundamental na busca por conforto na espiritualidade, permitindo que as emoções encontrem formas de expressão e transformação.

Leitura Adicional

Para aprofundar seu conhecimento sobre conforto espiritual e práticas de espiritualidade, recomendamos a leitura dos seguintes materiais:

- "O Poder da Meditação: Encontrando Paz Interior" - Autor: Maria Silva
- "A Força da Oração: Conectando-se com o Divino" - Autor: João Santos
- "A Arte da Contemplação: Encontrando Significado na Simplicidade" - Autora: Ana Oliveira
- "Comunidades Espirituais: O Poder da União e da Solidariedade" - Autora: Carla Souza
- "Expressão Criativa na Espiritualidade: Transformando Emoções em Arte" - Autor: Pedro Ferreira

Acolhimento e Compreensão

A importância do acolhimento espiritual se revela como um farol de esperança em meio às tormentas da vida. Encontrar um espaço onde a dor e o sofrimento são acolhidos com compaixão e compreensão é essencial para a jornada de cura e transformação. A espiritualidade oferece esse acolhimento, convidando cada indivíduo a compartilhar suas dores e a encontrar consolo na presença amorosa do divino e da comunidade espiritual.

A compreensão da dor e do sofrimento como parte da jornada humana se torna um ponto de inflexão na busca por conforto na espiritualidade. A aceitação da vulnerabilidade e a compaixão diante das próprias feridas permitem que a cura se inicie, transformando a dor em um caminho de crescimento e fortalecimento interior. O acolhimento espiritual oferece um espaço seguro para essa transformação, onde a compreensão se torna um bálsamo para a alma.

Análise da importância do acolhimento espiritual na busca por conforto e compreensão

A importância do acolhimento espiritual na busca por conforto e compreensão se revela como um pilar fundamental da jornada de cura e transformação. Encontrar um espaço onde a dor e o sofrimento são acolhidos sem julgamentos e com compaixão é essencial para a reconstrução do ser interior. O acolhimento espiritual oferece um refúgio onde a vulnerabilidade encontra compreensão e a dor encontra alívio.

A análise da importância do acolhimento espiritual revela que, ao ser acolhido em sua totalidade, o indivíduo encontra forças para enfrentar os desafios e transformar a dor em um caminho de crescimento. A espiritualidade, nesse contexto, se revela como um farol de esperança, oferecendo um espaço de acolhimento onde a compreensão se torna um agente de cura e transformação.

Compreensão da dor e sofrimento

A compreensão da dor e do sofrimento como parte integrante da jornada humana se revela como um ponto de inflexão na busca por conforto na espiritualidade. Compreender que a dor e o sofrimento são elementos inevitáveis da existência humana permite que a espiritualidade ofereça um espaço de acolhimento e transformação. A compreensão da dor e do sofrimento como parte do caminho espiritual possibilita a aceitação e a cura, transformando a experiência da dor em um catalisador de crescimento e fortalecimento interior.

A reflexão sobre a compreensão da dor e do sofrimento revela que, ao reconhecer a dor como parte integrante da jornada, o indivíduo encontra um espaço para compartilhar suas dores e buscar consolo na presença amorosa do divino e da comunidade espiritual. A compreensão se torna, assim, um farol de esperança, iluminando os momentos mais sombrios da existência e oferecendo um caminho de cura e transformação.

Paz e Serenidade Interior

Alcançar a paz interior por meio da espiritualidade se revela como um caminho de autodescoberta e fortalecimento interior. A paz e a serenidade interior são frutos da conexão com o divino e da busca por um estado de harmonia e equilíbrio. A espiritualidade oferece ferramentas e práticas que permitem que a mente e o coração encontrem um espaço de tranquilidade e acolhimento, mesmo em tempos difíceis.

A serenidade em tempos difíceis se revela como uma dádiva da espiritualidade, oferecendo um refúgio onde a mente pode encontrar descanso e o coração pode encontrar consolo. A busca pela paz interior por meio da espiritualidade se torna, assim, um caminho de transformação pessoal, onde a aceitação e a serenidade se tornam aliadas na jornada de cura e fortalecimento interior.

Exploração do caminho para alcançar a paz interior por meio da espiritualidade

A exploração do caminho para alcançar a paz interior por meio da espiritualidade revela que a busca por esse estado de ser é uma jornada de autodescoberta e fortalecimento interior. A espiritualidade oferece práticas e ensinamentos que permitem que a mente e o coração encontrem um espaço de tranquilidade e acolhimento, mesmo em meio às tormentas da vida.

A paz interior se revela como um estado de harmonia e equilíbrio, onde a mente encontra descanso e o coração encontra consolo. A exploração desse caminho revela que a paz interior é uma dádiva da espiritualidade, oferecendo um refúgio onde a serenidade se torna uma aliada na jornada de cura e transformação pessoal.

Serenidade em tempos difíceis

A serenidade em tempos difíceis se revela como uma dádiva da espiritualidade, oferecendo um refúgio onde a mente pode encontrar descanso e o coração pode encontrar consolo. Em meio às tormentas da vida, a espiritualidade oferece um espaço de acolhimento e tranquilidade, permitindo que a serenidade se torne uma aliada na jornada de cura e fortalecimento interior.

A reflexão sobre a importância da serenidade em tempos difíceis revela que a espiritualidade oferece um caminho de transformação pessoal, onde a paz interior se torna um farol de esperança, iluminando os momentos mais sombrios da existência e oferecendo um espaço de acolhimento e cura.

CAPÍTULO 20

A Evolução Espiritual e a Mudança de Paradigma

Paradigmas na Espiritualidade

Compreensão dos paradigmas espirituais

A compreensão dos paradigmas espirituais é essencial para a evolução pessoal e espiritual. Os paradigmas representam os padrões de pensamento, crenças e valores que moldam a nossa visão de mundo e influenciam a forma como percebemos a realidade espiritual. Ao compreender os paradigmas espirituais, somos capazes de identificar as influências que moldaram nossas crenças e buscar uma visão mais ampla e inclusiva da espiritualidade.

Explorar os paradigmas espirituais envolve questionar as crenças arraigadas, examinar as tradições e dogmas que nos foram transmitidos e buscar uma compreensão mais profunda e pessoal da espiritualidade. Isso nos permite expandir nossos horizontes espirituais, abrindo espaço para novas perspectivas e experiências transformadoras.

Desafios na mudança de paradigma

A mudança de paradigma na espiritualidade pode ser desafiadora, pois confronta as estruturas mentais e emocionais que estabelecemos ao longo de nossas vidas. A resistência à mudança, o medo do desconhecido e a pressão social são alguns dos desafios que surgem ao questionar e transformar os paradigmas espirituais.

Além disso, a mudança de paradigma pode gerar conflitos internos e externos, uma vez que nossas novas perspectivas podem entrar em choque com as crenças estabelecidas em nossos círculos sociais e religiosos. Lidar com esses desafios requer coragem, autoconhecimento e um profundo senso de propósito espiritual.

Pense e Reflita

A mudança de paradigma na espiritualidade pode ser desafiadora, pois confronta as estruturas mentais e emocionais que estabelecemos ao longo de nossas vidas. A resistência à mudança, o medo do desconhecido e a pressão social são alguns dos desafios que surgem ao questionar e transformar os paradigmas espirituais.

Além disso, a mudança de paradigma pode gerar conflitos internos e externos, uma vez que nossas novas perspectivas podem entrar em choque com as crenças estabelecidas em nossos círculos sociais e religiosos. Lidar com esses desafios requer coragem, autoconhecimento e um profundo senso de propósito espiritual.

Transformação de Crenças

Reavaliação de crenças limitantes

A reavaliação de crenças limitantes é um passo fundamental na evolução espiritual. Muitas vezes, carregamos crenças que nos limitam, que nos impedem de alcançar nosso pleno potencial espiritual e que nos mantêm presos a padrões de pensamento e comportamento prejudiciais. Ao reavaliar essas crenças, somos capazes de identificar e desafiar as limitações que impomos a nós mesmos, abrindo caminho para uma transformação interior mais profunda.

Esse processo de reavaliação requer autoconhecimento, autenticidade e compaixão consigo mesmo. É um convite para examinar as raízes de nossas crenças, compreender como elas nos afetam e estar aberto a adotar novas perspectivas que nos libertem das limitações autoimpostas.

Adoção de novas perspectivas

A adoção de novas perspectivas é o resultado natural da reavaliação de crenças limitantes. Ao abrir espaço para questionar e transformar nossas crenças, nos permitimos considerar novas formas de compreender a espiritualidade, o propósito da vida e o significado de nossa existência. Adotar novas perspectivas nos desafia a expandir nossos horizontes, a acolher a diversidade de pensamento e a integrar aprendizados que nos conduzem a uma evolução espiritual mais ampla e inclusiva.

Essa jornada de adoção de novas perspectivas é um convite para a humildade, a abertura ao diálogo e a disposição para aprender com as experiências e sabedorias de diferentes tradições espirituais. Ao adotar novas perspectivas, estamos constantemente enriquecendo e aprimorando nossa compreensão da espiritualidade e do mundo que nos cerca.

Impacto na Vida Diária
Integração das mudanças espirituais

A integração das mudanças espirituais na vida diária é um processo contínuo e dinâmico. À medida que reavaliamos nossas crenças e adotamos novas perspectivas, é fundamental integrar essas transformações em nossas ações, relacionamentos e escolhas cotidianas. Isso implica viver de acordo com os princípios espirituais que abraçamos, honrando nossa autenticidade e buscando alinhar nossas atitudes e comportamentos com nossos valores mais elevados.

A integração das mudanças espirituais na vida diária requer prática consciente, autodisciplina e um compromisso constante com o crescimento pessoal. É um convite para viver de forma coerente com nossas convicções espirituais, manifestando amor, compaixão e respeito em todas as áreas de nossas vidas.

Benefícios da mudança de paradigma

Os benefícios da mudança de paradigma espiritual se refletem em todas as dimensões de nossa existência. Ao reavaliar crenças limitantes e adotar novas perspectivas, abrimos espaço para uma maior harmonia interior, uma compreensão mais profunda de nossa conexão com o divino e uma vivência mais autêntica e significativa. Essa mudança de paradigma nos liberta das amarras do medo, do julgamento e da separação, permitindo-nos viver com mais compaixão, propósito e alegria.

Além disso, a mudança de paradigma espiritual nos capacita a contribuir de forma mais significativa para o bem-estar coletivo, promovendo a paz, a justiça e a compreensão mútua em nossas comunidades e no mundo como um todo. É um convite para sermos agentes de transformação, inspirando outros a trilhar o caminho da evolução espiritual e da mudança de paradigma.

CAPÍTULO 21

Considerações do Autor do Livro

Jornada Pessoal e Espiritual

Ao longo da minha jornada pessoal e espiritual, pude compreender a importância fundamental desse percurso na evolução do ser. A jornada pessoal representa a busca constante por autoconhecimento, superação de desafios e aprimoramento contínuo. Na espiritualidade, encontrei o guia que ilumina meu caminho, trazendo significado e propósito para cada passo dado.

Reflexão sobre a jornada pessoal

Minha jornada pessoal tem sido marcada por momentos de autodescoberta e transformação. Cada desafio enfrentado e cada vitória conquistada contribuíram para a minha evolução como indivíduo. A jornada pessoal é um constante aprendizado, um convite à reflexão e ao crescimento interior.

Espiritualidade como guia

A espiritualidade se revelou como o guia compassivo e sábio que orienta meus passos. Encontrei na busca espiritual a luz que ilumina as situações mais obscuras, trazendo clareza e paz interior. A conexão com a espiritualidade tem sido o alicerce que sustenta minha jornada pessoal, oferecendo conforto e direção em meio às incertezas da vida.

Citações Famosas

"O tempo é a essência da vida." - Confúcio

"O tempo não para, mas nós podemos parar para refletir." - Lailah Gifty Akita

"O tempo é a moeda da sua vida. É a única moeda que você tem, e só você pode determinar como será gasta." - Carl Sandburg

"O tempo é o melhor autor: sempre encontra um final perfeito." - Charles Chaplin

Considerações do Autor

Jornada Pessoal e Espiritual

Espiritualidade como guia

A espiritualidade se revelou como o guia compassivo e sábio que orienta meus passos. Encontrei na busca espiritual a luz que ilumina as situações mais obscuras, trazendo clareza e paz interior. A conexão com a espiritualidade tem sido o alicerce que sustenta minha jornada pessoal, oferecendo conforto e direção em meio às incertezas da vida.

Aprendizados e Experiências

Ao longo dos anos, acumulei preciosos conhecimentos e experiências que moldaram minha compreensão da evolução espiritual. Cada ensinamento absorvido e cada experiência vivida contribuíram para a minha formação como ser humano e buscador espiritual. Compartilhar esses aprendizados é uma forma de retribuir à jornada que tanto me ensinou.

Conhecimentos adquiridos

Os conhecimentos adquiridos ao longo da minha jornada espiritual abrangem desde conceitos filosóficos até vivências práticas que evidenciaram a presença do divino em minha vida. A compreensão da natureza do tempo, a importância da gratidão e a prática da compaixão são apenas alguns dos pilares que sustentam minha visão de mundo e espiritualidade.

Desafios superados

Os desafios enfrentados ao longo da jornada espiritual foram oportunidades de crescimento e fortalecimento da fé. Superar obstáculos, lidar com dúvidas e incertezas, e encontrar resiliência em momentos de adversidade foram experiências que me capacitaram a oferecer suporte e orientação àqueles que buscam o caminho espiritual.

Visão para o Futuro

Minha visão para o futuro é permeada pela esperança e pela convicção de que a evolução espiritual é um processo coletivo, capaz de transformar não apenas indivíduos, mas também comunidades e sociedades. Acredito que a espiritualidade tem o poder de unir corações, promover a compaixão e inspirar ações que visem o bem-estar de todos.

Evolução espiritual coletiva

Visualizo um futuro em que a evolução espiritual coletiva seja uma prioridade, em que as diferenças sejam celebradas e a união seja fortalecida pela compreensão mútua. Acredito que, ao compartilharmos nossas jornadas espirituais, podemos aprender uns com os outros e construir um mundo mais compassivo e acolhedor.

Mensagem de esperança

Minha mensagem para os leitores é de esperança e otimismo. A jornada espiritual, embora repleta de desafios, é também um caminho de luz e amor. Que cada passo dado na busca espiritual seja permeado pela certeza de que a evolução pessoal e coletiva é possível, e que a paz interior é uma benção acessível a todos que a buscam com sinceridade.

CAPÍTULO 22
Conclusão e Agradecimentos
Reflexão sobre a Jornada Espiritual

A jornada espiritual é um caminho de profunda importância na vida pessoal e espiritual de cada indivíduo. Ao longo deste livro, exploramos os diversos aspectos do tempo, da evolução espiritual e da busca pela paz interior. A reflexão sobre a jornada espiritual nos permite compreender a relevância de cultivar uma conexão mais profunda com nossa espiritualidade, buscando o equilíbrio e a harmonia interior.

Importância da jornada espiritual

A jornada espiritual é fundamental para o desenvolvimento pessoal e a compreensão do propósito de vida. É por meio dela que nos conectamos com aspectos mais elevados de nossa existência, buscando respostas para questionamentos profundos e encontrando significado em nossas experiências.

Aprendizados e crescimento

Ao longo da jornada espiritual, cada desafio, cada momento de reflexão e cada prática espiritual contribuem para nosso aprendizado e crescimento pessoal. Aprendemos a lidar com as adversidades, a cultivar a compaixão, a buscar a paz interior e a desenvolver uma visão mais ampla da vida e do universo.

Você Sabia?

Reflexão sobre a Jornada Espiritual

Aprendizados e crescimento

Ao longo da jornada espiritual, cada desafio, cada momento de reflexão e cada prática espiritual contribuem para nosso aprendizado e crescimento pessoal. Aprendemos a lidar com as adversidades, a cultivar a compaixão, a buscar a paz interior e a desenvolver uma visão mais ampla da vida e do universo.

Agradecimentos

Expressamos nosso mais profundo reconhecimento e gratidão a todos que contribuíram para a jornada e evolução espiritual apresentadas neste livro. Cada pessoa, cada experiência e cada ensinamento compartilhado ao longo do caminho merece nossa sincera apreciação.

Reconhecimento e gratidão

Agradecemos a todos os mestres espirituais, filósofos, pensadores e líderes religiosos que ao longo da história deixaram um legado de sabedoria e inspiração. Suas palavras e exemplos continuam a iluminar o caminho daqueles que buscam a evolução espiritual.

Mensagem de apreço

Por fim, transmitimos uma mensagem de apreço e gratidão aos leitores e apoiadores deste livro. Seu interesse e dedicação à busca espiritual são fundamentais para a construção de um mundo mais compassivo, amoroso e espiritualmente consciente. Que cada passo em direção à evolução espiritual seja abençoado e que a paz interior seja uma constante em suas vidas.

Biografia

Chamo-me Emerson Calejon, sou formado em Administração de Empresas, realizo pesquisas e sou autodidata em filosofia clássica e contemporânea. Sou estudante da espiritualidade e ciências humanas, possuo pós-graduação em psicologia existencial e psicanálise e tenho grande apreço pela escrita.

Publiquei um livro intitulado "Um olhar de misericórdia" voltado para a espiritualidade. Atualmente, estou lançando a história de "John River — O último desafio".

O que mais me traz felicidade é saber que sempre teremos novos desafios para enfrentarmos e continuarmos avançando em direção ao nosso progresso.

Agradeço!

"Ainda que eu falasse a língua dos Anjos e dos Homens, sem Amor, eu nada seria."

"Que Deus esteja com Todos."

Editora Home
2024

Copyright © 2024 por Emerson Calejon

Don't miss out!

Visit the website below and you can sign up to receive emails whenever Emerson Calejon publishes a new book. There's no charge and no obligation.

https://books2read.com/r/B-A-MZIIB-OURND

BOOKS 2 READ

Connecting independent readers to independent writers.

Also by Emerson Calejon

A jornada de Allan Karras
A Serenidade Interior
Do outro lado das Estrelas
John River: O último desafio
Luzes e Ensinos do Plano Astral
Mensagens que Auxiliam
O Caminho
Paixões na Madrugada
Palavras que Confortam
Palavras que Libertam
Reflexões de uma Jornada
Além das Estrelas
O Declínio da Coragem
Uma História de Vida
A Gota de Chuva
O Homem frente ao Ego
O Menino e o Maestro
Perguntas e Respostas sobre a vida Espiritual
Aprendendo com a Vida
50 Tons de Pensamentos
Gume de dois Lados
John River: o início da missão
Arte de Viver
O Jardim de Dulcineia
Para onde tenha Sol

www.ingramcontent.com/pod-product-compliance
Lightning Source LLC
Chambersburg PA
CBHW060442160726
47992CB00003B/1042